手作りで、安心・おいしい・楽しい

とっておきの
保存食とおすそ分けレシピ

料理教室、ベターホームが考えた
保存食とおすそ分けのレシピです

ベターホームの料理教室の先生たちは
料理教室のメニューや、家族のためのごはんを
日々作っています。
また、旬の味覚を少しでも長く楽しめるように、
梅酒を漬けたり、フルーツでジャムを煮たりと
手作りの保存食も作ります。

忙しくても、先生たちが笑顔でいられるヒミツは、
おいしい食事が体も心も満たしてくれるから。
トーストしたパンに手作りのジャムをのせれば
忙しい朝ごはんの時間も、
なんだか贅沢な感じがしませんか。
保存食を上手に利用することで、
料理の準備がラクに、食卓が豊かになります。

この本には、そんな、作っていて楽しく、
食べて幸せな気持ちになる、
おいしい手作り食品のレシピが満載です。
上手にできたら、
友達やお世話になった方へのおすそ分けに。
手作りする楽しみや幸せを、
たくさんの人に感じてもらいたいと思います。

この本で紹介するのはこんな *Recipe*（レシピ）

旬を長く楽しむレシピ
ほんの一時期だけしか手に入らない食材こそ、季節のごほうび。手をかけて保存食や瓶詰めにすることで長く楽しめます。

アレンジに使える
作ったものは、そのまま食べるだけでなく、いろいろな料理にアレンジできます。毎日のおかず作りや、おもてなしにも役立ちます。

シンプルなレシピ
保存食を作るのは、手間がかかりそうなイメージがありますが、塩をまぶす、合わせておくだけなど、手順や材料は案外シンプルです。

おすそ分けできるレシピ
上手に作れたら、友達やご近所さんにおすそ分け。市販のものとは違う味わいに喜んでくれるはず。ラベルやラッピングのアイディアも。

目次

🏠 食卓にあるとうれしい、おかずの素

- 8 自家製トマトケチャップ
- 10 トマトととうふの2色ポタージュ
  トマトケチャップの冷製パスタ
  さくさくオニオンリング
- 12 塩麹（しおこうじ）
  mini idea　1日で作りたいときは
- 14 野菜の塩麹漬け
  魚の塩麹漬け焼き
  塩麹ハンバーグ
- 16 塩きのこ
- 18 塩きのこのおろしあえ
  塩きのこと小松菜のおひたし
  さけのソテー 塩きのこあんかけ
- 20 ヤンニョム
- 22 ズッキーニのあえもの
  サムパプ（韓国風野菜巻き）
  ピリ辛肉じゃが
- 24 しそペースト
- 26 牛焼き肉のしそだれ
  ほたてと新たまねぎのサラダ
  しそ冷奴
- 28 いかの塩辛
- 30 かんたんオイキムチ

🍷 ワインに合う、とっておきのおそうざい

- 36 セミドライトマトのオイル漬け
- 38 かじきのソテー ドライトマトソース
  ドライトマトとチーズのオードブル
  トマトのペペロンチーニ
- 40 さんまのオイル煮
- 42 さんまの北欧風オープンサンド
  さんまといんげんのソテー
  シーザーサラダ
- 44 塩とろサーモン
- 46 サーモンのカツレツ
  サーモンのオードブル
  サーモン茶漬け
- 48 たらのマンテカート
- 50 マンテカートのホワイトグラタン
  マンテカートの野菜ディップ
- 52 豚ひき肉のシンプルパテ
- 54 かきのオイル煮

🎁 気軽においしい、おすそ分け

- 60 2種のミニキッシュ
- 62 レバーペースト
- 64 チキンナゲット
- 66 きゅうりのピクルス
  mini idea　タルタルソース
- 68 赤と白のサングリア

ほっとやすらぐ、甘い作りおき

- 72 手作りジャム
  - いちごのジャム
  - mini idea　瓶のラベルをきれいにはがすには
- 74 ルバーブのジャム
  - ミルクティーのジャム
  - きんかんのジャム
- 76 フルーツビネガー
  - mini idea　ドリンクにアレンジ
- 78 チキンソテー フルーツビネガーソースがけ
  - フルーツビネガーのドレッシング2種
  - （フレンチドレッシング・マヨサワードレッシング）
- 80 甘酒
- 82 甘酒鍋
  - 甘酒ムース
  - mini idea　甘酒のミックスジュース
- 84 オレンジのシロップ煮
- 86 とりもも肉のオレンジソテー
  - オレンジソーダ
  - オレンジのチョコブラウニー
- 88 グラノラ
  - mini idea　いちごチョコグラノラ
- 90 栗ペースト
  - mini idea　栗きんとん／栗のパフェ

一緒に楽しむ、粉ものレシピ

- 94 パンケーキ
- 96 シュガーバターパンケーキ
  - サーモンとアボカドのパンケーキ
  - ハワイ風フルーツパンケーキ
  - レモンカスタードソース
- 98 じゃがいものニョッキ
- 100 焦がしバター・ニョッキ
  - カルボナーラソース・ニョッキ
  - トマトソース・ニョッキ
- 102 自家製ナン
- 104 マンゴーラッシー
  - キーマカレー
  - 野菜のサブジ
- 106 肉まん・あんまん（中華まんじゅう）
- 108 中華まんじゅうの皮を作る

コラム

- 32 季節の手作りを楽しもう
- 33 梅しごと（梅酒と青梅酢）
  - mini idea　ドリンクやすし酢に
- 56 知っておきたい保存のコツ

- 110 材料・道具のこと

この本の決まり

○計量の単位　　カップ1＝200ml　大さじ1＝15ml　小さじ1＝5ml
　　　　　　　　米用カップ1＝180ml（mlはccと同じ）
○電子レンジ　　加熱時間は500Wのめやす時間です。600Wなら、加熱時間は0.8倍にしてください。
○スープの素　　スープの素は、ビーフ、チキンなどお好みで。

食卓にあるとうれしい、
おかずの素

トマトケチャップや塩麹、たれ、漬けものなどは、
ごはんの主役にはなりませんが、料理を引き立て、
食卓を彩るための大切なもの。
スーパーの棚にふつうに並んでいるものも、
家で作ってみると、思いのほかかんたんです。
市販のものにはない、手作りならではのフレッシュな味わいを
試してみませんか。

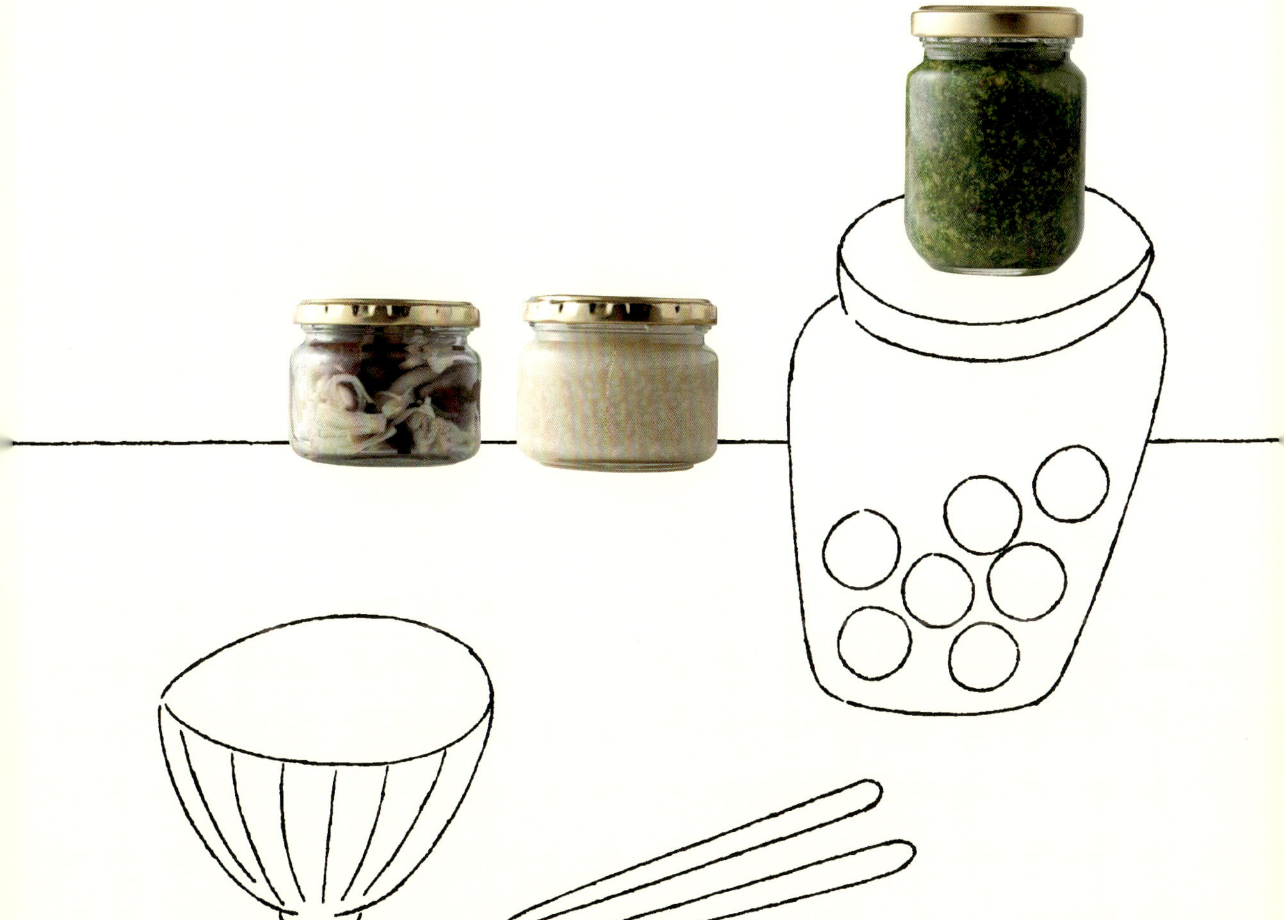

Recipe

自家製のトマトケチャップは
旬のトマトをたっぷり使って作る、
ぜいたくな"ソース"。
市販のトマトケチャップに比べると、
酸味のほうがきわだつ、
すっきりとした大人の味わいです。
甘さはごくごくわずかだから、
合わせる食材のおいしさを消すことなく
料理にうま味を加えてくれます。

自家製トマトケチャップ

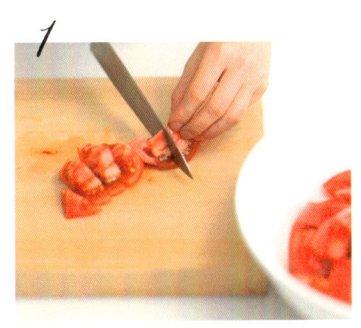

保存
保存容器か瓶に入れ、冷蔵で約3週間。冷凍で約2か月。

材料　できあがり量　約300g・約400ml
トマト*･･･5〜6個（1kg）
たまねぎ･･･1/2個（100g）
にんにく･･･1片（10g）
赤とうがらし（種をとる）･･･1本
ローリエ･･･1枚
A｜砂糖･･･大さじ1
　｜赤ワインビネガー**･･･大さじ2
　｜塩･･･小さじ1
　｜こしょう･･･少々

＊真っ赤な完熟のもの。少しかためのときは、常温に数日おき、追熟させるとよい。
＊＊なければ白ワインビネガー、もしくは酢でも。

1. 材料を切る
トマトはへたをとり、ざく切りにする。たまねぎ、にんにくは薄切りにする。

2. ミキサーにかける
1をミキサーに入れ、2分ほどかける。ざるでこしながら、鍋に入れる。
◎酸に強いステンレス鍋か、ホーロー鍋がよい（p.110）。

3. 煮る
2の鍋に赤とうがらしとローリエを加え、強火にかける。煮立ったら2〜3回アクをとって中火にし、木べらで鍋底や鍋肌をぬぐうように、時々かき混ぜながら約20分煮る。

4. 煮つまったら、調味する
木べらで鍋底に「1」の字をかいたときに、鍋底が見えるくらいになるまで煮つめる（さめるとかたくなる）。赤とうがらしとローリエをとり出し、Aを加える。弱火にし、さらに約5分、混ぜながら煮て火を止める。

Idea
自家製トマトケチャップを使うアイディア

フレッシュな味わいで、いつもの料理に添えるだけでひと味変わります。ソースのようにも使えます。

トマトととうふの2色ポタージュ

さくさくオニオンリング

トマトケチャップの冷製パスタ

おかずの素

夏におすすめのかんたん前菜。
食欲がないときでも、食べられそう。

トマトととうふの2色ポタージュ

材料　(4人分)：1人分47kcal
とうふ（絹）・・・½丁（150g）
牛乳・・・大さじ2
塩・・・少々
トマトケチャップ・・・大さじ4
はちみつ・・・小さじ2
バジルの葉・・・少々

作り方
1. ボールにとうふ、牛乳、塩を入れ、泡立て器でなめらかになるまで混ぜる。
2. 器に1を盛り、トマトケチャップとはちみつをかける。バジルを飾る。混ぜながら食べる。

酸味がおいしく、夏にぴったり！

トマトケチャップの冷製パスタ

材料　(2人分)：1人分330kcal
カッペリーニ*・・・120g
トマトケチャップ・・・100g
黒オリーブ（種なし・輪切り）・・・10g
パセリのみじん切り・・・大さじ1
オリーブ油・・・小さじ2
粉チーズ・・・大さじ1
*極細（直径0.9mm）のスパゲティ。
　細めのスパゲティであればOK。

作り方
1. 鍋に湯1L（材料外）を沸かして塩大さじ½（材料外）を加え、カッペリーニを表示よりも1分長めにゆでる。冷水にとって冷やし、水気をよくきる。
2. 黒オリーブは半量を飾り用にとりおき、残りはみじん切りにして、トマトケチャップとパセリを混ぜる。
3. カッペリーニを器に盛り、2をかける。飾り用のオリーブをのせ、オリーブ油を回しかける。粉チーズをふり、パセリ少々（材料外）を飾る。

さくさくの秘訣は、衣に使う炭酸水。
ケチャップをたっぷりつけてがぶりとどうぞ！

さくさくオニオンリング

材料　(4人分)：1人分247kcal
たまねぎ・・・1個（200g）
A｜塩・・・少々
　｜薄力粉・・・大さじ2～3
B｜卵・・・1個
　｜薄力粉・・・カップ½（50g）
　｜炭酸水（無糖）*・・・50ml
パン粉・・・カップ1（40g）
揚げ油・・・適量
トマトケチャップ・・・適量
*ビールでもOK。

作り方
1. たまねぎは1cm幅の輪切りにし、輪を1つずつはずしてばらばらにする。Aを合わせて、たまねぎにまぶす。
2. パン粉は手でもむようにして細かくする。Bは合わせ、よく混ぜる。たまねぎにB、パン粉を順につける。
3. 揚げ油を中温（170℃）に熱し、2を色よく揚げる。器に盛り、トマトケチャップを添える。

Recipe

すっかり食卓に定着した塩麹。料理に役立つシンプルな塩味とうま味が人気の秘訣です。市販の商品はたくさんありますが、家で作っても、いたってかんたん。1日1回混ぜて、あとは日にちをおくだけ。忙しい人にこそ、試してほしいうまウマな調味料です。

塩麹
(しおこうじ)

おかずの素

材料 できあがり量 約300g

米麹（乾燥）* ・・・ 100g
塩 ・・・ 30g
水 ・・・ 板状の場合*200ml
　・・・ 粒状の場合*180ml

＊米麹は板状のものと粒状のものが売られており、どちらでも作れる。余った麹は冷蔵・冷凍保存できる。

保存
保存容器か瓶に入れ、冷蔵で約2か月。

1. 塩を混ぜる
保存容器に米麹（板状は手でほぐす）と塩を入れて混ぜる。

2. 水を加えて混ぜる
分量の水を加えて混ぜる。

3. 発酵させる
容器にふたをのせ（わずかにすき間をあけておく）、常温において発酵させる。1日1回混ぜて、1週間ほどおく（冬場は暖かい場所に約10日おく）。

4. できあがり
米粒が細かくなり、全体がとろりとしたら完成。

塩麹の mini idea

1日で作りたいときは
分量の水を60℃の湯にかえて、1〜2まで同様にする。炊飯器の内釜に移し入れ、保温スイッチを入れる。p.81の甘酒と同様に、途中2回ほど混ぜて約4時間保温する。とろりとしたら完成。

Idea

塩麹を使うアイディア

塩麹は、肉や魚のたんぱく質をやわらかくするので、いつものおかずがふっくらします。

野菜の塩麹漬け

魚の塩麹漬け焼き

塩麹ハンバーグ

おかずの素

残り野菜活用法。
2ステップで完成です。

野菜の塩麹漬け

材料　（2人分）：1人分25kcal
にんじん・かぶ・きゅうり・・・合わせて200g
塩麹・・・小さじ2

作り方
1. 野菜は薄切りにする。
2. ポリ袋に1と塩麹を混ぜ、冷蔵庫に半日〜1日おく。水気をきって器に盛りつける。

魚を買ってきたら、漬けておくと
忙しい日に役立ちます。

魚の塩麹漬け焼き

材料　（2人分）：1人分170kcal
さわら*・・・2切れ（160g）
酒・・・大さじ½
塩麹・・・大さじ2
甘酢しょうが（市販）・・・少々
*ほかに生さけ、ぎんだらなどでも。

作り方
1. さわらをポリ袋に入れ、酒をふってなじませる。塩麹を加えてさらになじませる。口を閉じ、冷蔵庫で半日〜1日おく。
2. 塩麹をペーパータオルでさっとぬぐい、中火のグリルで両面を焼く。焦げそうなときは、アルミホイルをかぶせる。
3. 器に盛りつけ、甘酢しょうがを添える。

調味料として炒めものなどに使うときは、麹の粒が焦げやすいので、ミキサーにかけたり、スプーンでつぶしたりするとよい（写真右）。

パン粉も卵も入れずに、
驚きのジューシーさ。

塩麹ハンバーグ

材料　（2人分）：1人分260kcal
合いびき肉・・・150g
たまねぎ・・・½個（100g）
塩麹・・・大さじ1（肉の重量の約10%）
こしょう・・・少々
サラダ油・・・大さじ1
<ソース>
ウスターソース・トマトケチャップ・
白ワイン・・・各大さじ1
<つけ合わせ>
サラダ菜・・・4枚
ラディッシュ（飾り切りをする）・・・4個

作り方
1. たまねぎはみじん切りにする。フライパンにサラダ油大さじ½を温め、たまねぎが透き通るまで炒める。さます。
2. ひき肉、1、塩麹、こしょうをよく混ぜる。2等分して小判形にし、片面の中央をくぼませる。
3. フライパンにサラダ油大さじ½を温め、2のくぼませた面を上にして入れ、中火で焼く。よい焼き色がついたら裏返し、ふたをして弱火で5〜6分焼く。皿に盛る。フライパンの汚れをペーパータオルでさっとふく。
4. 続けて、フライパンにソースの材料を入れてひと煮立ちさせる。
5. つけ合わせの野菜を添え、ハンバーグにソースをかける。

15

Recipe

いろいろなきのこで
毎日の料理に役立つ
「おかずの素」を作りましょう。
きのこのうま味が重なって、
深い味わいになります。
日もちが悪く、野菜室に残りがちなきのこも、
これなら長もちし、
そしてすぐに料理に使えます。

塩きのこ

保存
保存容器か瓶に入れ、冷蔵で約5日。冷凍で約2週間。

材料 できあがり量 約300g
好みのきのこ･･･合わせて約350g
- しいたけ･･･1パック（100g）
- しめじ･･･1パック（100g）
- エリンギ･･･½パック（50g）
- えのきだけ･･･1パック（100g）

塩･･･小さじ2

1. きのこの下ごしらえをする
しいたけは石づきを切り落とし、縦に4等分にさく。しめじは小房に分ける。エリンギは約4cm長さに切って、縦4〜6等分にさく。えのきは根元を切り落とし、長さを半分に切る。

2. ゆでる
鍋にたっぷりの湯を沸かす。1を1〜2分ゆでる。ざるにとって水気をきり、広げてさます。

3. 塩をまぶす
大きめのボールにきのこを入れ、塩をふり入れて全体をよく混ぜる。保存容器に移して冷蔵庫に入れて1日おく。きのこから水気が出て、しんなりしたらできあがり。

Idea

塩きのこを使うアイディア

炒めものやあえものなどに便利です。
塩気がきいているので、
塩からいときは流水でさっと洗いましょう。

塩きのこと小松菜のおひたし

塩きのこのおろしあえ

さけのソテー 塩きのこあんかけ

だいこんおろしと合わせるだけ。
一品たりないときにどうぞ。

塩きのこのおろしあえ

材料 （2人分）：1人分15kcal

塩きのこ・・・30g
だいこん・・・100g
万能ねぎ・・・1本
ぽん酢しょうゆ・・・適量

作り方

1. だいこんはすりおろして、水気をきる。万能ねぎは小口切りにする。
2. だいこんおろしと塩きのこを合わせて器に盛り、万能ねぎをのせる。ぽん酢しょうゆをかける。

いつものおひたしも
少しのアレンジで趣が変わります。

塩きのこと小松菜のおひたし

材料 （2人分）：1人分11kcal

塩きのこ・・・30g
小松菜・・・100g
ゆずのしぼり汁・・・½個分（大さじ½）
ゆずの皮（せん切り）・・・少々

作り方

1. 小松菜は熱湯でゆでて、水にとる。水気をしぼって3～4cmの長さに切る。小松菜、塩きのこ、ゆずのしぼり汁を合わせる。
2. 1を器に盛り、ゆずの皮をのせる。

切るものは、にらだけなのに
ボリュームたっぷりです。

さけのソテー 塩きのこあんかけ

材料 （2人分）：1人分193kcal

生さけ・・・2切れ（200g）
　塩・こしょう・・・各少々
　薄力粉・・・小さじ1
ごま油・・・大さじ½
＜あん＞
A｜ 塩きのこ・・・100g
　｜ にら・・・50g
　｜ おろししょうが・・・1かけ分（10g）
　｜ 水・・・100ml
B｜ かたくり粉・・・大さじ½
　｜ 水・・・大さじ1

作り方

1. さけに塩、こしょうをふり、薄力粉を薄くまぶす。フライパンにごま油を温め、さけの両面を焼き色がつくまで焼く。皿に盛る。
2. にらは4cm長さに切る。鍋にAを入れ、中火にかける。煮立ったらBの水溶きかたくり粉を混ぜながら加え、とろみをつける。好みでこしょう少々（材料外）を加える。1にかける。

Recipe

ヤンニョムは、ほどよい辛味の韓国の万能調味料。漢字では「薬念」と書き、香味野菜にごまなど体にいい素材がたっぷり。味わいもコク深く、料理がぐっとおいしくなります。冷奴やサラダなど、韓国料理に限らずに使えます。

ヤンニョム

おかずの素

材料　できあがり量　約150ml
ねぎ ･･･ 10cm
にんにく ･･･ 1片 (10g)
しょうが ･･･ 1かけ (10g)
A｜砂糖 ･･･ 大さじ2
　｜すりごま（白）･･･ 大さじ2
　｜粉とうがらし* ･･･ 大さじ½
　｜しょうゆ ･･･ 大さじ3
ごま油 ･･･ 大さじ2

＊韓国の粉とうがらし（p.110）。
　一味とうがらしなら小さじ⅙。

1. 香味野菜を切る
ねぎはみじん切りにする。にんにく、しょうがはすりおろす。

2. 混ぜる
ボールに1とAを合わせて混ぜる。ごま油を加えてよく混ぜる。

保存
保存容器か瓶に入れ、冷蔵で約2週間。

Idea

ヤンニョムを使うアイディア

たれとしてはもちろん、煮ものなどの味つけの調味料としても使えます。

ズッキーニのあえもの

サムパプ（韓国風野菜巻き）

ピリ辛肉じゃが

ズッキーニは蒸し焼きにすると色鮮やかに。

ズッキーニのあえもの

材料（2人分）：1人分66kcal
ズッキーニ・・・大1本（200g）
　塩・・・小さじ½
サラダ油・・・小さじ1
ヤンニョム・・・大さじ2

作り方
1. ズッキーニは5mm厚さの半月切りにし、塩をふる。水気が出たら軽くしぼる。
2. フライパンに油を温めてズッキーニを入れる。ふたをして、弱めの中火で色よくなるまで、約1分蒸し焼きにする。
3. 2にヤンニョムを加えてざっとあえる。

ごはんを野菜で巻いて食べるヘルシーメニュー。

サムパプ（韓国風野菜巻き）

材料（2人分）：1人分247kcal
紫キャベツ・・・50g
サニーレタス・・・50g
えごまの葉・・・6枚
チコリ・・・6枚
青とうがらし*・・・1本
雑穀ごはん**・・・200g
ヤンニョム・・・適量

*辛いので、なくても。
**ごはんを炊くときに米1合に対し、雑穀ミックス大さじ2を加えてふつうに炊く（多めに炊ける）。

作り方
1. 紫キャベツとサニーレタスは食べやすい大きさにちぎる。青とうがらしは小口切りにする。
2. 野菜に雑穀ごはんをのせて、ヤンニョムをかけ、好みで青とうがらしをのせて包む。

ヤンニョムだけで、味つけが完了。

ピリ辛肉じゃが

材料（2人分）：1人分410kcal
牛ばら肉（薄切り）・・・100g
じゃがいも・・・2個（300g）
たまねぎ・・・½個（100g）
サラダ油・・・小さじ1
A｜水・・・200ml
　｜ヤンニョム・・・大さじ2
さやえんどう・・・30g
（飾り用）糸とうがらし・・・大さじ1

作り方
1. じゃがいもは皮をむき、3〜4cm角に切る。水にさらして水気をきる。たまねぎは薄切りにする。牛肉は3〜4cm長さに切る。
2. 深めのフライパンに油を温め、1を炒める。肉の色が変わったらAを加える。沸騰したらアクをとり、ふたをずらしてのせ、弱火で約10分煮る。味をみて、塩少々（材料外）を加える。
3. さやえんどうは筋をとり、さっとゆでる。斜め半分に切る。
4. 器に2とさやえんどうを盛りつけ、糸とうがらしをのせる。

おかずの素

Recipe

庭やベランダでしその葉を育てていると、
料理だけでは使いきれないほど、
たくさんとれることがあります。
そんなときにぜひ作ってほしいのが、これ。
くるみのコクと
ゆずこしょうのピリッとした辛さが加わり
生で食べるのとは違う、濃厚な風味です。

しそペースト

おかずの素

材料 できあがり量 約100g

しその葉・・・40枚(約30g)

くるみ・・・20g

太白ごま油*・・・50g

レモン汁・・・大さじ½

塩・・・小さじ¼

ゆずこしょう・・・小さじ1

*ごまをいらずに生のまましぼった油。
無色透明で、味と香りはさっぱりとしている。
なければサラダ油で代用可。

1. 材料の下ごしらえをする

しそは洗い、水気をペーパータオルでよくふく。くるみはいったものでなければ、オーブントースターの弱めの温度で4～5分、カリッとするまで焼く。

2. ペースト状にする

しそは粗くきざみ、すべての材料をクッキングカッターにかける。しその葉が細かくなり、ねばり気が出てきたらできあがり。

保存
保存容器か瓶に入れ、冷蔵で約2週間。

Idea

しそペーストを使うアイディア

ピリッとした個性的な風味なので、素材の味を引きしめてくれます。

牛焼き肉のしそだれ

ほたてと新たまねぎのサラダ

しそ冷奴

おかずの素

いつもの焼き肉が
しそペーストで大人の味わい。

牛焼き肉のしそだれ

材料　(2人分)：1人分約247kcal
牛薄切り肉(焼き肉用)・・・100g
　塩・こしょう・・・各少々
A｜サラダ油・・・小さじ1
　｜バター・・・5g
しそペースト・・・大さじ1
サニーレタス・・・1枚

作り方
1. サニーレタスは食べやすい大きさにちぎる。皿に敷く。
2. 牛肉は塩、こしょうをふる。フライパンにAを温め、バターが溶けたら、強めの中火で牛肉を両面焼く。しそペーストを肉にのせて1～2分ほど温め(香りが立つ)、1にのせる。

変わり冷奴。
酒の肴としても最適です。

しそ冷奴

材料　(2人分)：1人分76kcal
とうふ(絹)・・・½丁(150g)
しそペースト・・・小さじ2

作り方
1. とうふは半分に切って器に盛る。しそペーストをのせる。

野菜スティックにも。

刺身との組み合わせは、
イチ押しです。

ほたてと新たまねぎのサラダ

材料　(2人分)：1人分115kcal
ほたて貝柱(刺身用)・・・2個(60g)
たまねぎ・・・½個(100g)
トマト・・・1個(200g)
しそペースト・・・大さじ1

作り方
1. たまねぎは薄切りにする。水にさらして水気をきる。トマトはくし形に12等分する。ほたては厚みを半分にし、さらに半分に切る。
2. 器に1を盛りつけ、しそペーストをのせる。

Recipe

磯の香りと、まったりとした舌ざわりが
あとを引く、いかの塩辛。
味のベースとなるのは内臓（はらわた）です。
だから、ぜひ新鮮ないかで
作ってみてください。
紹介するのは、塩分が少なめで
作ったその日から食べられる、即席塩辛。
しょうがが、味のアクセントになります。

いかの塩辛

おかずの素

材料 できあがり量　約250g：全量340kcal
するめいか（生食用）・・・1ぱい（300g）
酒・・・大さじ2
塩・・・大さじ½（いかの正味重量の約3%）
しょうが（みじん切り）・・・小さじ1

1. いかの下ごしらえをする
いかは胴の中に指を入れ、わた袋を破らないように、足と胴のついているところをはずし、わた袋ごと足を引き抜く。軟骨をとって、胴の中を洗う。はらわたから墨袋を静かにつまんで引き離す。足を切り離す（わた袋はとりおく）。胴と足、エンペラを合わせた重量をはかり、その3%の塩を用意する。

2. 切る
胴は皮つきのまま開いて4cm幅に切り、5mm幅の細切りにする。エンペラ、足（吸盤は除く）も同じ大きさに切る。

3. わたと酒を混ぜる
わた袋の先端を少し切り、わたをしごき出す。酒を加えて混ぜる。

4. あえる
ボールにいかと3、塩を加え、よく混ぜる。容器に移し、ふたをして冷蔵庫に30分以上おく。食べるときにしょうがをのせる。

◎1日おくと、味がなじんでよりおいしくなる。

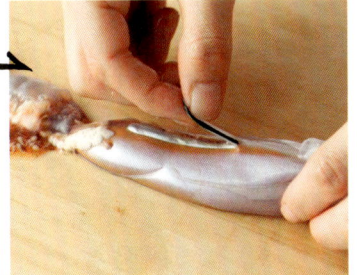

保存
保存容器か瓶に入れ、冷蔵で約3日。

Recipe

定番のはくさいキムチもいいけれど、
きゅうりがたくさん出回る時期には、
サラダ感覚で食べられる、
オイキムチはいかがでしょう。
ポリポリと歯ごたえよく、
たっぷりと食べられます。

かんたんオイキムチ

おかずの素

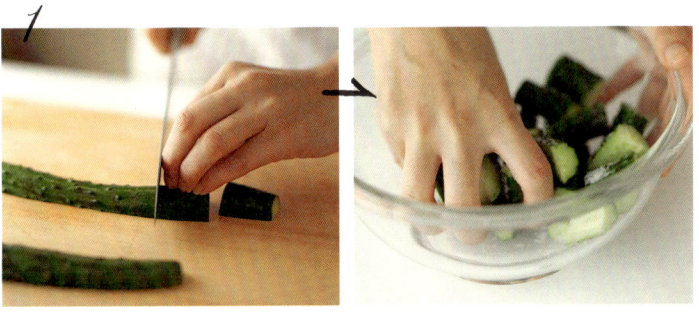

材料　できあがり量　約300g：全量88kcal
きゅうり・・・2本
　塩・・・小さじ1
だいこん（3cm長さ）・・・100g
　塩・・・ひとつまみ
にら・・・4〜5本
A｜粉とうがらし*・・・大さじ½
　｜アミの塩辛**・・・2g
　｜りんご・・・30g
　｜砂糖・・・小さじ½
　｜にんにく・しょうがのすりおろし
　｜　　・・・各小さじ½
　｜塩・・・少々

＊p.110参照。一味とうがらしなら小さじ⅙。
＊＊オキアミなどを塩漬けし、発酵させたもの。
　なければけずりかつお1gでも。和風の味わいになる。

保存
保存容器に入れ、冷蔵で約1週間。

1. きゅうりの下ごしらえをする
きゅうりは縦に2等分し、3cm長さに切る。塩小さじ1をまぶし、約15分おく。水気をしぼる。

2. ほかの野菜を切る
だいこんは3cm長さの細切りにし、塩ひとつまみをまぶして約10分おく。水気をしぼる。にらは3cm長さに切る。

3. Aを合わせる
りんごは皮をむき、すりおろす。大きめのボールにAを合わせてよく混ぜる。

4. あえる
1と2を3に加えてよくあえる。

◎すぐに食べられるが、1日おくと、よりおいしくなる。

Column 1

季節の手作りを楽しもう

いろいろな食材が一年中手に入るようになりました。

それでも、まだまだ限られたときにしか出回らないくだものや野菜があります。

春の小粒のいちご、入梅時期の青梅、秋風が吹くころの栗…。

盛りのころにはたっぷり店頭に並ぶのに、ひとときを過ぎると、姿を消してしまいます。

そんな食材を見つけたら、さっそく自宅で保存食や瓶詰めにしてみましょう。

旬のものはみずみずしくて本当においしい！

ほんの少し手をかければ、おいしさをより長く楽しめます。

そして、作った食品は食卓に並べ、

家族や友人たちと季節を愛でる喜びを分かち合ってはいかがでしょう。

◎この本に出てくる、季節の食材

春　いちご　さわら

夏　青梅　しそ　トマト　きゅうり　ルバーブ

秋　栗　いちじく　きのこ　さけ　さんま

冬　きんかん　りんご　かき　たら

Recipe

梅しごと（梅酒と青梅酢）

新鮮な青梅が手に入るのは、
梅雨の足音が聞こえてきてからのわずか1か月。
まさに、季節の手作りの代表格といえるでしょう。
青梅をより楽しむために、
定番の「梅酒」と酢に漬ける「青梅酢」を
半々ずつ漬けてみませんか。

保存
〈梅酒〉 日の当たらない涼しいところにおき、何年でも可。
〈青梅酢〉 日の当たらない涼しいところにおき、約6か月間。

材料　できあがり量梅酒1.5L・青梅酢1L

青梅・・・1kg

〈梅酒〉

ホワイトリカー
（ブランデーやウィスキーでも）・・・900ml

氷砂糖・・・400g

〈青梅酢〉

酢・・・300ml

砂糖・・・200g

◎瓶は容量2L以上のものを用意する。

青梅酢の mini idea

ドリンクやすし酢に

好みの割合でソーダや水と割ってドリンクに。また、すし酢としても使える。分量は、温かいごはん400gに対し、砂糖大さじ½、青梅酢大さじ2、塩小さじ¼。実もやわらかいので、食べられる。

梅のへたをとって、洗う

青梅はざっと洗い、ざるにとる。へたを竹串でとる。ふきんで1粒ずつ水気をふきとる。

〈梅酒〉
ホワイトリカーに漬ける

瓶に氷砂糖と青梅500gを入れる。ホワイトリカーをそそぎ、ふたをしめる。日の当たらない涼しいところに2〜3か月おく。半年以上おくと、よりまろやかになる。

〈青梅酢〉
酢に漬ける

瓶に青梅500gと砂糖を交互に入れる。酢をそそぎ、ふたをしめる。日の当たらない涼しいところに約3か月おく。はじめの1か月は時々瓶をふる。

ワインに合う、とっておきのおそうざい

ワインをおうちで楽しむなら、
パリッと香ばしいパンにチーズ、
それにおいしいおつまみを用意しましょう。
気軽に作れるものから、ちょっと手をかけた
おしゃれな料理まで。
とっておきのレシピを紹介します。

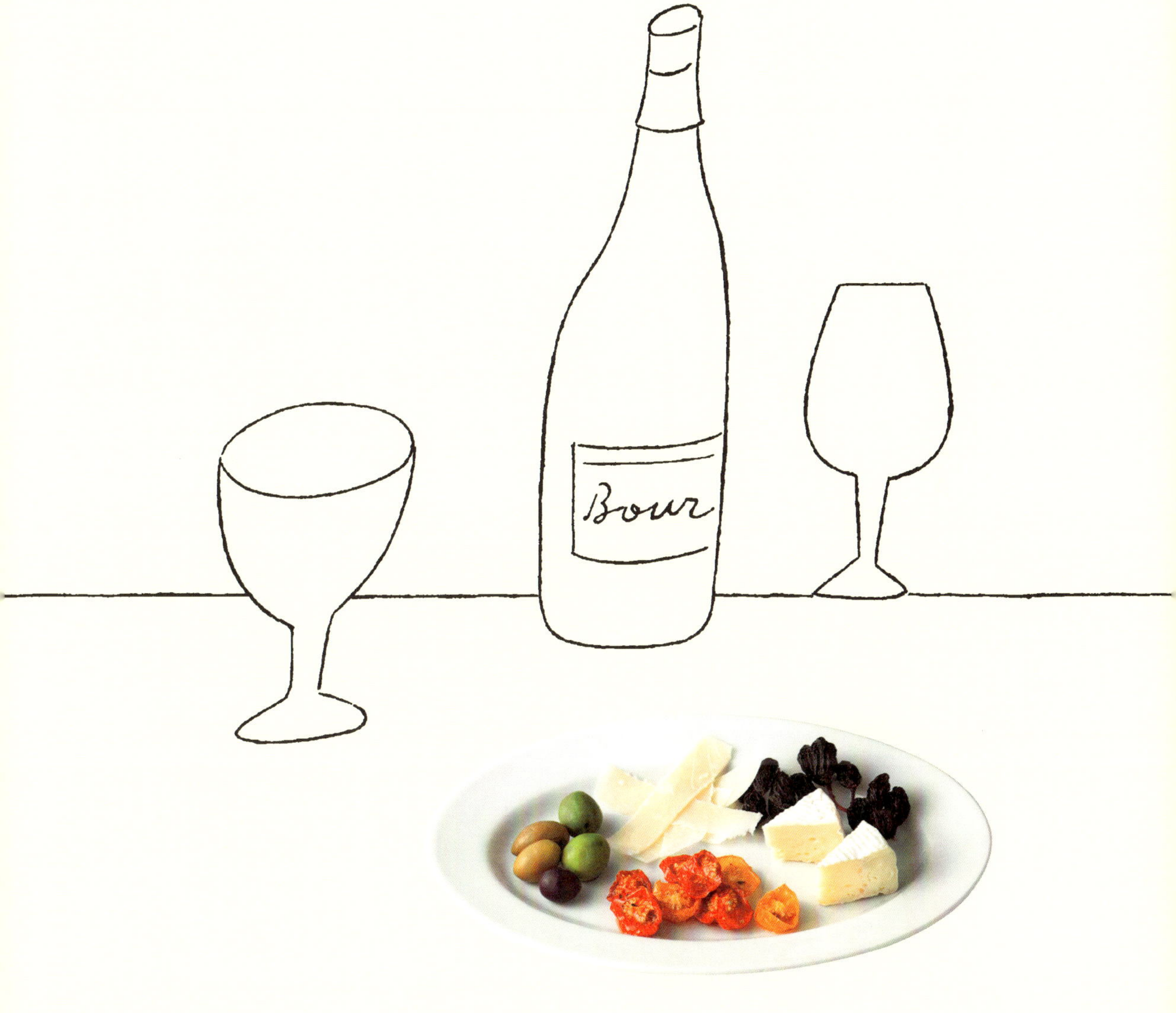
Bour

Recipe

真夏の日ざしでぜひ作りたい！
ドライトマトは、トマトのうま味が
ぎゅっと凝縮。
おうちで作るドライトマトは、
やわらかいセミドライタイプで、
料理に使うと、
深い味わいが出ます。
そのままワインのおともや、
ディップやソースとしても便利です。

セミドライトマトのオイル漬け

ワインに合う、おそうざい

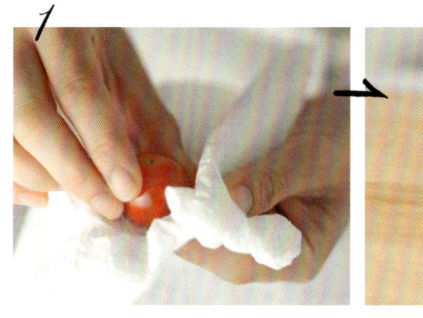

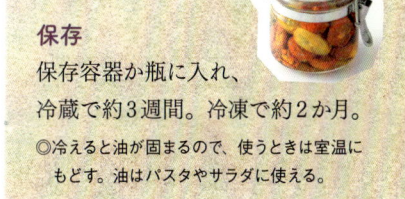

保存
保存容器か瓶に入れ、冷蔵で約3週間。冷凍で約2か月。
◎冷えると油が固まるので、使うときは室温にもどす。油はパスタやサラダに使える。

材料　できあがり量　約170g（オリーブ油も含める）

ミニトマト（赤・黄合わせて*）
　・・・1パック（200g）

A｜塩・・・小さじ1/4
　｜ドライオレガノ・・・小さじ1/2
　｜にんにく・・・1片（10g）
　｜ローリエ・・・1枚
　｜黒こしょう（粒）・・・10粒

オリーブ油・・・100〜120ml

*どちらか1色でもよい。

1. ミニトマトを切る
ミニトマトは洗って水気をペーパータオルでふきとる。へたをとり、へたの部分と平行に半分に切る。

2. ざるに並べる
ミニトマトの切り口を上にして、ざるに並べる。

3. 干す
風通しがよく、日の当たる場所（ベランダなど）に置く。水分が抜け、最初の半分くらいの大きさになるまで1〜2日干す（夜はとりこむ）。

4. オイルに漬ける
にんにくは皮をむく。3を瓶に入れてAを加える。トマトがかくれるくらいまでオリーブ油を加える。

◎日ざしが強くない時期や、天候の悪いときはオーブンでも作れる。
オーブンを120℃（ガスオーブンなら110℃）に予熱する。
オーブン皿にクッキングシートを敷き、ミニトマトの切り口を上にして並べ、水分が抜け、半分くらいの大きさになるまで約1時間半加熱する。

Idea

セミドライトマトのオイル漬けを使うアイディア

ハーブやにんにくの香りと塩気がついているので、きざむだけで味のよいソースになります。

かじきのソテー
ドライトマトソース

トマトのペペロンチーニ

ドライトマトとチーズのオードブル

魚を焼くだけ。
イタリアンのメインがかんたんに。

かじきのソテー ドライトマトソース

材料 （2人分）：1人分278kcal

かじき・・・2切れ（200g）
　塩・こしょう・・・各少々
　薄力粉・・・小さじ1
オリーブ油・・・大さじ½
セミドライトマトのオイル漬け・・・40g
ルッコラ・・・少々

作り方

1. かじきの両面に塩、こしょうをふり、薄力粉をまぶす。ドライトマトはざく切りにする。
2. フライパンにオリーブ油を中火で温め、かじきの表面がカリッとするまで焼く。裏返してふたをし、弱火で火が通るまで焼く（約4分）。皿に盛る。
3. 続けてフライパンにドライトマトを加え、さっと炒める。かじきにかけ、ルッコラを添える。

気軽な前菜のできあがり。

ドライトマトとチーズの オードブル

材料 （2人分）：1人分171kcal

セミドライトマトのオイル漬け・・・30g
好みのチーズやドライフルーツ、オリーブなど
　・・・適量

作り方

1. チーズは食べやすい大きさに切る。ドライトマト、チーズ、ドライフルーツ、オリーブを皿に盛る。

シンプルでおいしいパスタ。

トマトのペペロンチーニ

材料 （2人分）：1人分518kcal

スパゲティ・・・160g
セミドライトマトのオイル漬け・・・50g
にんにく・・・小1片（5g）
オイル漬けの油・・・大さじ1
バジルの葉（粗みじん切り）・・・2枝
塩・黒こしょう・・・各少々
粉チーズ・・・大さじ2

作り方

1. スパゲティは湯2Lに塩大さじ1（各材料外）を入れ、表示どおりにゆでる。水気をきる。
2. にんにくは薄切りにする。ドライトマトは細切りにする。
3. フライパンにオイル漬けの油とにんにくを入れ、弱火にかける。にんにくが色づいたらドライトマトを加えて混ぜ、火を止める。
4. 3のフライパンに、ゆであがったスパゲティ、塩、こしょうを加え、ざっと混ぜ合わせる。器に盛り、バジルの葉、粉チーズをかける。

ワインに合う、おそうざい

Recipe

オイルサーディンといえば、おつまみや、
おかずの一品として使える便利な保存食。
ふつうは、いわしで作りますが、
脂ののったさんまで作ってみました。
身がしっかりとしていてコクがあり、
食べごたえ満点です。
そのまま食べてもよし、アレンジもよし。
塩焼き以外の味わい方を試してみて。

さんまのオイル煮

ワインに合う、おそうざい

保存
保存容器か瓶に入れ、冷蔵で約1週間。
◎冷えると油が固まるので、室温にもどして使う。

材料 できあがり量 3尾分・約15切れ
さんま・・・3尾（450g）
A｜ 白ワイン・・・150ml
　｜ 塩・・・大さじ1
B｜ ローリエ・・・1枚
　｜ にんにく（薄切り）・・・1片（10g）
　｜ 黒こしょう（粒）・・・小さじ1/2
オリーブ油・・・200〜300ml
割り箸・・・1膳

1. さんまの下ごしらえをする
さんまは頭と尾を切り落とす。割り箸を割り、2本で内臓をはさむようにして腹の中に入れ、箸を軽く回しながら内臓をとり出す。腹の中を流水でよく洗い、水気をふく。2〜3cm長さに切る。

2. ワインに漬けてくさみをとる
トレーにAを合わせる。Aをさんま全体にまぶし、ラップをして冷蔵庫に約2時間おく。途中で上下を返す。

3. 低温の油でじっくり煮る
さんまの水気をよくふく。さんまがひと並べになる大きさで、深さのある鍋に入れ、Bを加える。オリーブ油をひたひたにそそぐ。弱火で7〜8分加熱し、ぷつぷつと細かい泡が出てきたら、時々上下を返しながら、弱火のままさらに7〜8分加熱する（鍋から離れないように注意）。火を止め、さめるまでおく。

4. 容器に移す
完全にさめたらアクをとり除く。瓶にさんま、ローリエ、黒こしょうを入れ（にんにくは入れない）、さんまの身がかくれるくらいまで鍋のオリーブ油を加える。

41

Idea

さんまのオイル煮を使うアイディア

さんまを漬けている油も、サラダやソテーに一緒に使えます。

シーザーサラダ

さんまの北欧風オープンサンド

さんまといんげんのソテー

ワインに合う、おそうざい

さんまの濃い味わいは
個性の強いライ麦パンによく合います。

さんまの北欧風オープンサンド

材料 （2人分）：1人分138kcal
さんまのオイル煮・・・2切れ
紫たまねぎ・・・10g
パプリカ（黄）・・・10g
ミニトマト・・・2個　ディル・・・少々
ライ麦パン（薄切り）・・・2枚

作り方
1. さんまのオイル煮は身を中骨から2つに開き、中骨と小骨をとり除く。
2. 紫たまねぎは薄切りにし、水にさらして水気をふく。パプリカは2〜3cm長さの細切りにする。ミニトマトは4等分にする。
3. パンにさんまのオイル煮の油少々（材料外）を塗り、たまねぎ、さんまのオイル煮、パプリカ、トマト、ディルをのせる。

軽く焼くと香ばしく食べられます。

さんまといんげんのソテー

材料 （2人分）：1人分394kcal
さんまのオイル煮・・・8切れ
タイム・・・2枝　さやいんげん・・・4本
さんまのオイル煮の油・・・大さじ1
A　しょうゆ・・・小さじ¼
　　黒こしょう・・・少々
レモン（くし形切り）・・・¼個

作り方
1. さやいんげんは両端を落とし、1本を3〜4つに切る。レモンは半分に切る。
2. フライパンにオイル煮の油を温め、さやいんげんを1〜2分炒める。とり出して塩・こしょう各少々（材料外）をふる。続けてさんまのオイル煮、タイム1枝を入れ、さんまの両面を焼き色がつくまで中火で焼く。タイムを除き、さんまにAをふる。
3. 器に2を盛り、残りのタイムとレモンを添える。

アンチョビのようなイメージで
ドレッシングの味出しとして使ってみて。

シーザーサラダ

材料 （2人分）：1人分344kcal
さんまのオイル煮・・・2切れ
A　にんにく（すりおろす）・・・小½片（3g）
　　粉チーズ・・・大さじ2
　　塩・黒こしょう・・・各少々
　　さんまのオイル煮の油・・・大さじ2
ロメインレタス・・・50g
フランスパン（5mm厚さ）・・・3切れ
温泉卵（市販）・・・2個

作り方
1. さんまのオイル煮は身を中骨から2つに開き、中骨と小骨をとり除く。手でほぐす。
2. 大きめのボールにAを順に合わせ、1を加えて混ぜる。
3. ロメインレタスは4〜5cm角に切る。フランスパンは半分に切り、オーブントースターでカリッと焼く。
4. 2に3を加え、さっくりと混ぜ合わせる。器に盛りつけ、温泉卵をのせる。

43

Recipe

刺身用のサーモンに、きび砂糖と塩を
まぶして待つこと2日。
とろっとなめらかな、
塩とろサーモンのできあがりです。
味わいはまるでスモークサーモン。
常備しておくと、
一品たりないときやサラダに
すぐに使えて、とても重宝します。

塩とろサーモン

ワインに合う、おそうざい

保存
保存袋に入れたまま冷蔵で約2日。汁気をふき、冷凍で約2週間。

材料 できあがり量 約350g

サーモン＊（生・刺身用）・・・2さく（350g）

A ┃ 塩 ・・・ 大さじ1
　 ┃ きび砂糖＊＊ ・・・ 大さじ½

＊身が薄いと塩からくなるので、厚みのあるブロック状のものを選ぶとよい。
＊＊独特のコクがあり、味に深みが出る（p.110）。なければ、ふつうの砂糖でも。

◎サーモンを半量で作る場合は、Aも半量にして同様に作る。

1. 調味料をサーモンにすりこむ
Aを合わせて混ぜる。トレーにラップを敷き、Aの半量をふる。サーモンをのせる。残りのAをふり、手で全面にすりこむ。

2. なじませる
ラップでサーモンをぴっちりと包み、保存袋か厚手のポリ袋に入れ、約30分室温におく（暑いときは冷蔵庫に入れる）。

3. 2～3日おく
冷蔵庫に入れ、2～3日おくと食べごろ。ペーパータオルで汁気をふきとって食べる（塩気がきついときは、流水でさっと洗うとよい）。

Idea 1

塩とろサーモンを使うアイディア

薄切りにして
スモークサーモンのように使えます。

サーモンのカツレツ

サーモン茶漬け

サーモンのオードブル

ちょっと厚めに切って、
外はサクッ、中はレアに。
サーモンのカツレツ

材料　（2人分）：1人分471kcal
塩とろサーモン・・・100g
　こしょう・・・少々
衣┃薄力粉・・・大さじ1
　┃卵水・・・とき卵½個分＋水大さじ½
　┃パン粉・・・30g
揚げ油・・・適量
レタス・・・大1枚
きゅうりのピクルス・・・小1本

作り方
1. レタスとピクルスは細切りにし、合わせる。
2. 塩とろサーモンは7～8mmの厚さに切る。こしょうをふる。サーモンに衣を順につける。
3. 油を中温（180℃）に熱し、2を2回に分けて、色よくなるまで返しながら揚げる。
4. 皿に1、3を盛りつける。

こんな和風の食べ方もおいしい。
サーモン茶漬け

材料　（2人分）：1人分264kcal
塩とろサーモン・・・50g
温かいごはん・・・240g
三つ葉・・・少々
練りわさび・・・少々
熱い緑茶・・・適量

作り方
1. フライパンを軽く温め、サーモンの表面の色が変わる程度に全面をさっと焼く。斜めそぎ切りにする。
2. 茶碗に温かいごはんを盛り、1をのせる。三つ葉とわさびをのせ、熱い緑茶をそそぐ。

塩とろサーモンを味わうなら、まずこれ。
サーモンのオードブル

材料　（2人分）：1人分127kcal
塩とろサーモン・・・100g
サラダ菜・・・4枚
ケッパー・・・小さじ1
ディル（葉をつむ）・・・1枝
レモン（くし形切り）・・・2切れ

作り方
1. サーモンは約5mm厚さに切る。
2. 皿にサラダ菜を敷き、サーモンを並べる。ケッパーを散らし、ディルとレモンをのせる。レモンをしぼって食べる。

ワインに合う、おそうざい

Recipe

「バッカラ・マンテカート」は、
北イタリアのオステリア（食堂）の定番料理。
干しだらと、相性のよいじゃがいもを
一緒に煮て、
オリーブ油、生クリームとともに
ペースト状にしたもので、
大皿に盛り、パンや野菜を添えます。
ここでは、手に入りやすい甘塩だらを使って
家庭で作りやすいレシピにしました。

たらのマンテカート

ワインに合う、おそうざい

保存
保存容器に入れて冷蔵で約3日。冷凍で約1か月。

材料 できあがり量 約300g

- 甘塩たら・・・2切れ(200g)
- じゃがいも・・・100g
- たまねぎ・・・¼個(50g)
- 牛乳・・・200ml
- にんにく・・・小1片(5g)
- オリーブ油・・・大さじ1
- 塩・こしょう・・・各少々

1. 材料を切る
にんにくは、包丁の腹でまな板に押しつけるようにしてつぶす。たまねぎ、じゃがいも（皮をむく）は薄切りにする。たらは皮を除き、ひと口大に切る。

2. 野菜を炒める
厚手の鍋にオリーブ油とにんにくを入れ、弱火で炒める。香りが出たら、たまねぎ、じゃがいもを加えて、中火で2～3分、たまねぎがしんなりするまで炒める。

3. たらを加えて煮る
2にたらと牛乳を加え、ふたをしないで、ごく弱火で約30分煮る。汁気がほとんどなくなり、木べらで鍋底に「1」の字をかいたときに、鍋底が見えるくらいになったら火を止める（さめるとかたくなる）。あら熱をとる。

4. ペースト状にする
3をクッキングカッターに入れて、なめらかになるまで回す。塩、こしょうで味をととのえる。

Idea

たらのマンテカートを使うアイディア

あっさりとした見た目に反して、深いコク。
冷たくても、温かくしても美味です。

マンテカートのホワイトグラタン

マンテカートの野菜ディップ

ワインに合う、おそうざい

すべて「白い」材料で。
寒い時期のごちそうです。

マンテカートのホワイトグラタン

材料（2人分）：1人分648kcal
たらのマンテカート・・・200g
カリフラワー・・・正味120g
ねぎ（白いところ）・・・1本
生クリーム・・・200ml
塩・こしょう・・・各少々
粉チーズ・・・大さじ2

作り方

1. カリフラワーは小房に分ける。ねぎは2cm長さに切る。鍋に湯を沸かし、両方をやわらかくなるまで4～5分ゆでる。
2. たらのマンテカートは鍋に入れて、フツフツするまで温める。生クリームを加えて混ぜ、塩、こしょうで味をととのえる。
3. グラタン皿に1を並べ、2を流し入れて粉チーズをふる。210℃（ガスオーブンなら200℃）のオーブンで約15分（オーブントースターでも）、チーズが少し色づくまで焼く。

新鮮な野菜につけて
たっぷりとどうぞ。

マンテカートの野菜ディップ

材料（2人分）：1人分99kcal
たらのマンテカート・・・100g
セロリ・・・½本（50g）
にんじん・だいこん（各6cm長さ）・・・各50g
紅芯だいこん・・・30g

◎野菜は好みのもので。パンを添えても。

作り方

1. セロリは筋をとる。セロリ、にんじん、だいこんは棒状に切る。紅芯だいこんは薄切りにする。
2. 器にたらのマンテカートを入れ、皿に野菜を盛りつける。

パンにも合います。

Recipe

塩気のきいたパテはおいしく、ワインがどんどん進んで困ってしまう(!?)おつまみです。
豚ばら肉に、とりレバーを加えて作ることが多いのですが、気軽に作れるように豚のひき肉を使いました。
さわやかな酸味のピクルスとともに食べると、脂っぽさがやわらぎます。

豚ひき肉のシンプルパテ

ワインに合う、おそうざい

保存
ラップに包んで冷蔵で約3日。小分けにして冷凍で約1か月。

材料 18×8×6cmのパウンド型1個分：全量1912kcal

豚ひき肉・・・500g
ベーコン（薄切り）・・・100g
A ┃ たまねぎ・・・½個（100g）
　 ┃ にんにく・・・1片（10g）
くるみ（ローストしたもの）・・・30g
ローズマリー・・・2枝　オリーブ油・・・大さじ½
B ┃ 卵・・・1個　塩・・・小さじ2
　 ┃ こしょう・・・少々　赤ワイン・・・大さじ1
クッキングシート*・アルミホイル

*クッキングシートで型紙を作り（型から2cmほど高くする）、型に敷く。

1. 材料を準備する

くるみは5〜6mm角にきざむ。Aはみじん切りにする。ベーコンは粗くきざむ。ローズマリー1枝は葉をつむ。

2. 野菜を炒める

フライパンにオリーブ油を温め、Aを薄く色づくまで炒める。さます。湯を沸かしておく。

3. 材料全部を混ぜる

ひき肉に2の野菜、ベーコン、くるみ、1のローズマリーの葉、Bを加えてねばりが出るまでよく混ぜる。

4. 型に詰める

3を適量ずつ手にとり、ハンバーグを作るときのように空気を抜きながらまとめ、型にしっかり詰める。調理台の約20cm上から型ごと一度落とし、空気を抜く。残りのローズマリーをのせてアルミホイルをかぶせ、型のすき間から水が入らないように、底もアルミホイルで覆う。

5. 蒸し焼きにする

4を180℃（ガスオーブンなら170℃）のオーブンに入れ、オーブン皿に湯をはる。湯せんにかけて約1時間20分焼く（途中で湯がなくなってもたさなくてよい）。さめたら型からはずす。

◎冷蔵庫に入れ、1日おくと、味がなじむ。約1.5cm厚さに切って、ピクルスとパンとともに食べるとおいしい。

Recipe

冬の訪れと同時に、
かきが店に出回り始めます。
身のずっしりと詰まったかきに
低温の油でじっくりと火を通して、
うま味をとじこめます。
定番の生がきやフライとは
また違ったおいしさです。

かきのオイル煮

ワインに合う、おそうざい

保存
保存容器や瓶に入れ、
冷蔵で約1週間。
◎冷えると油が固まるので、室温にもどして使う。

材料 できあがり量 約300g：全量約527kcal
かき（加熱用）・・・300g
A 塩・・・小さじ⅓
  こしょう・・・少々
オリーブ油・・・適量

1. かきは洗う
かきは塩水（水カップ1に塩小さじ1の割合）でよく洗う。真水で洗い、水気をきる。

2. 下味をつける
Aをふってまぶし、5分ほどおく。ざるにのせ、ペーパータオルで水気をとる。

3. フライパンにかきと油を入れる
深めのフライパンにかきを重ならないように並べ、かきがかぶるくらいのオリーブ油をそそぐ。

4. じっくり加熱する
弱火で3〜4分加熱し、ぷつぷつと細かい泡が出てきたら、時々上下を返しながら、弱火のままさらに7〜8分加熱する（鍋から離れないように注意）。かきがふっくらとしたら火を止め、そのままさます。瓶に油ごとかきを入れ、さらに、かきがかくれるくらいまでオリーブ油をそそぐ。

◎油を一緒に使ってパスタやソテーにしても。
　しょうゆを少したしてもおいしい。

知っておきたい保存のコツ

手作りした食品は無添加です。
最後までおいしく食べるために、保存に使う容器や食品の扱い方は清潔に。

◎保存の基本

保存容器の選び方
容器はふたがしっかりしまるものを使います。どんな素材のものでもかまいませんが、酸のある食品なら、アルミ製は避けます。また、ジャムや油気の多いものは、においのつきにくいガラス製の容器がおすすめです。

さましてから保存する
基本的に食品はさましてから保存します。熱いまま冷蔵庫や冷凍庫に入れると、庫内の温度が上がり、ほかの食品までいたんでしまいます。

冷凍は使う量に分けて、すばやく凍らせる
冷凍するときは、使いやすいように1回に使う量に分けます。保存袋に入れて空気を抜き、密封します。薄くできるものは平らにして、金属製のトレーにのせると早く凍ります。

保存食品のとり分けは、清潔な箸で
どんな食品も、容器や瓶からとり出すときは、清潔な箸やスプーンでとり出しましょう。使いかけの箸などを使うと、雑菌が入っていたみやすくなります。

◎ジャムやピクルスなど、長めに保存する場合

保存は小分けに
食品は小分けにして瓶に入れます。大きい容器にまとめて詰めると、食べきるまでに時間がかかり、雑菌が入っていたみやすくなります。数回で食べきれる量を小分けにして、瓶に入れましょう。

保存瓶はふたの内側もチェック
ジャムやピクルスなどの酸のある食品は、金属製のふただと、さびる場合があります。内側にパッキングがあり、コーティングされているものを使います。

◎おすそ分けするときや、1か月程度保存するときの消毒

アルコールで消毒
どんな容器も消毒できる。

容器をきれいに洗って清潔なふきんでふき、消毒用アルコールをスプレーして滅菌します。アルコール分はふきとりません。スプレータイプのアルコールのほか、果実酒用のホワイトリカー（アルコール度数35％以上）や、消毒用アルコールをスプレー容器に入れても同様に使えます。
◎スプレーするときは、火気のないところで。

煮沸消毒
耐熱性の瓶は煮沸消毒すると、より安心。

1. 大きめの鍋の底にふきんを敷き、瓶を入れます。たっぷりの水を入れて火にかけ、沸騰後火を弱め、10〜15分静かに沸騰させます。
2. 清潔な菜箸やトングで瓶をとり出します（やけどに注意）。瓶は、清潔なふきんの上にさかさにしてふせ、自然に乾燥させます。

気軽においしい、
おすそ分け

デリやカフェで見かけたおしゃれなおそうざいやドリンク。
自分で作ってみたら、上手にできた！
おいしくできたら、みんなに味わってもらいたいもの。
友人やご近所の方に、おすそ分けしませんか。
もちろん持ち寄りパーティにもぴったり。
喜ばれることうけあいです。

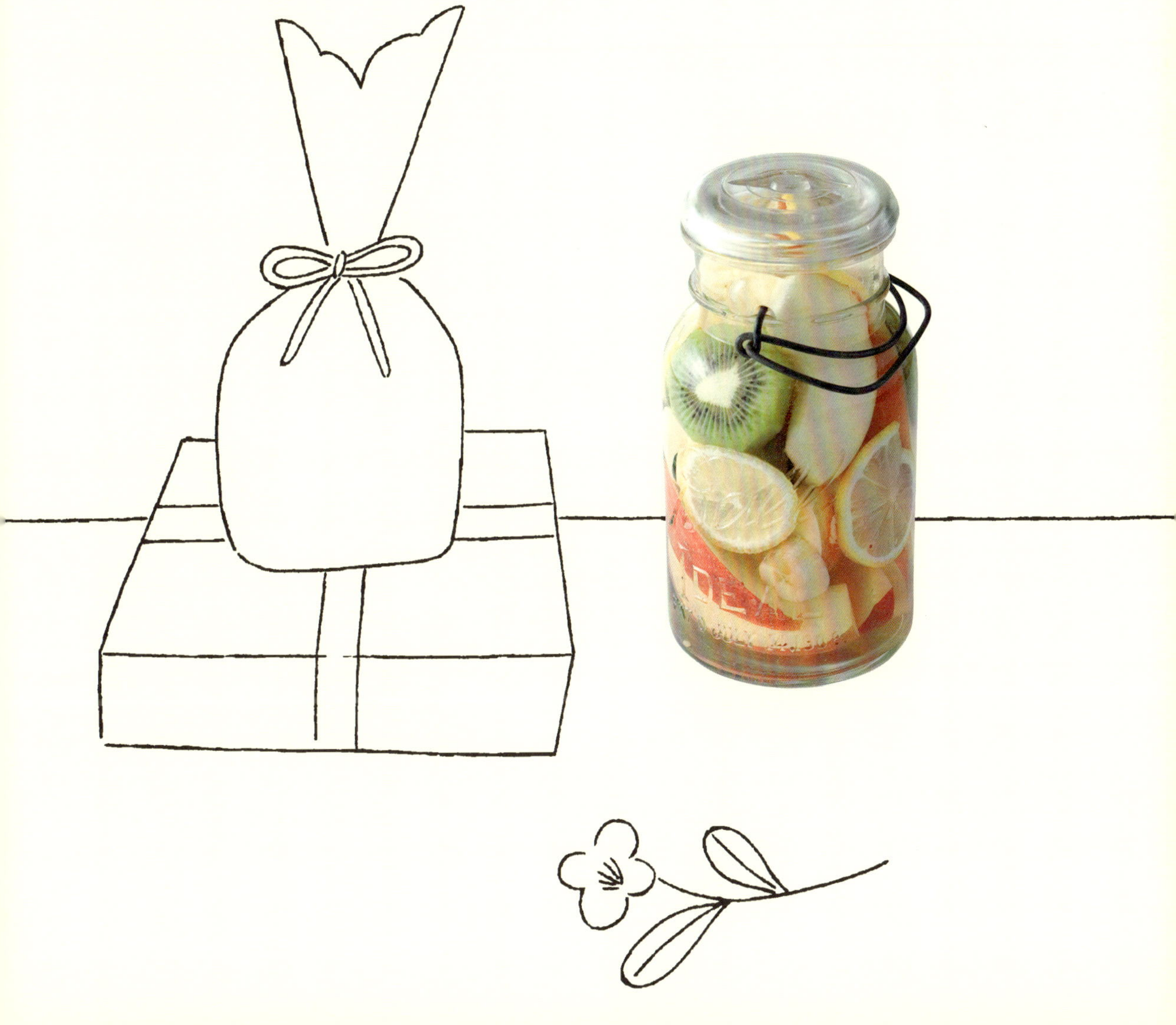

Recipe

おいしくて、見ばえのするキッシュは
持ち寄り品の人気ナンバーワン。
ひとり分ずつ小さな型で焼くと、
食べやすくなります。
市販のパイシートだと、少し甘めなので、
パイ生地も手作りしました。
クッキングカッターでかんたんです。

ほうれんそうのキッシュ　　　　　　　　　マッシュルームのキッシュ

2種のミニキッシュ

おすそ分け

保存
ラップに包み、
冷凍で約2週間。
◎食べるときは、自然解凍後、温めた
オーブントースターで5〜6分焼く。

材料 直径6cmのタルト型*6個分
1個分 マッシュルーム：185kcal ほうれんそう：212kcal

A｜薄力粉・・・120g
　｜塩・・・小さじ1/3

とき卵・・・1個分　バター(6等分して冷やす)・・・60g

B｜マッシュルーム・・・2個
　｜パプリカ(黄)・・・20g

C｜ほうれんそう・・・30g
　｜ベーコン(薄切り)・・・1枚(20g)

〈フィリングの材料〉
卵・・・1個　牛乳・・・70ml
スープの素・・・小さじ1/2　塩・こしょう・・・各少々
*マフィン型やプリン型などでも作れる。

1. 生地を作る
Aをクッキングカッターに入れて、ざっと回す。バターを加えてガッガッガッと短く回し、その後3〜4秒続けて回し、バターが米粒大になったら止める。とき卵を加えて、ガッガッガッと短く回し、その後5〜6秒続けて回す。生地がポロポロのそぼろ状になったら、ボールにとり出して、手でひとつにまとめる。

2. 生地を空焼きする (ここまで前日に作っても)
生地は6等分して丸める。手で平らにし、型に押しつけるようにのばしながら敷く。フォークで底にところどころ穴を開け、冷蔵庫で1時間ほど冷やす。180℃(ガスオーブンなら170℃)のオーブンで約20分焼く。

3. 具とフィリングを生地に入れて焼く
＜B＞マッシュルームはさっとゆでて、小さめのくし形に切る。パプリカは1cm角に切る。
＜C＞ほうれんそうは色よくゆで、1cm長さに切る。ベーコンは1cm角に切る。
フィリングの材料を合わせてよく混ぜ、2等分する。B、Cの具をそれぞれ混ぜ、2に1/3量ずつ入れる。180℃(ガスオーブンなら170℃)のオーブンで15〜20分、よい焼き色がつくまで焼く。

Recipe

レバーは、ちょっとクセがあるので、
しょうゆベースの
濃いめの味つけが合います。
でも、こんなふうにほんのりと香辛料を
きかせ、生クリームと合わせても
クセが消えて食べやすくなります。
コクがあって、口当たりはなめらか、
ワインに合う、しゃれた一品です。

レバーペースト

おすそ分け

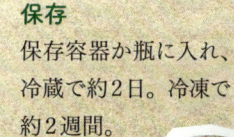

保存
保存容器か瓶に入れ、冷蔵で約2日。冷凍で約2週間。

材料 できあがり量 約200g分：全量431kcal
とりレバー・・・150g
にんにく（みじん切り）・・・小1片（5g）
たまねぎ（薄切り）・・・1/4個（50g）
バター・・・5g
A｜ 塩・こしょう・・・各少々
　｜ ブランデー*・・・小さじ1
　｜ ローリエ・・・1枚
B｜ 生クリーム・・・大さじ2
　｜ マスタード**・・・小さじ1
　｜ バター・・・10g
　｜ レモン汁・・・小さじ1
粒黒こしょう・ピンクペッパー（あれば）
　・・・各6粒

*風味がよくなる。なければ白ワイン小さじ2で。
**練りがらし小さじ1/2でも。

1. レバーの下ごしらえをする
レバーは心臓がついていれば切りとる。ひと口大に切り、2〜3回水をかえて洗う。水気をふく。
◎心臓は脂を除き、炒めて食べられる。

2. 野菜・レバーを炒める
フライパンにバター5gを溶かし、にんにく、たまねぎを中火で炒める。たまねぎがしんなりしたら、レバーを加え、色が変わるまで炒める。Aを加えてふたをし、2〜3分蒸し煮にする。あら熱をとる。ローリエを除く。

3. なめらかにする
2とBをクッキングカッターに入れ、なめらかになるまで回す。容器に入れ、粒黒こしょう、ピンクペッパーをのせる。冷蔵庫で30分以上冷やす。
◎パンに塗って食べると、おいしい。

Recipe

子どもにも大人にも人気の
チキンナゲット。
とりむね肉を細かくしてから形作り、
肉のうま味と弾力を出しました。
手ごろな値段で、たっぷり作れるから、
おうちでぜひ一度作ってみませんか。
お店みたいに、紙のボックスに入れて
おすそ分けしたら、驚かれそう。

チキンナゲット

おすそ分け

保存
保存容器か保存袋に入れ、冷蔵で約2日。冷凍で約2週間。

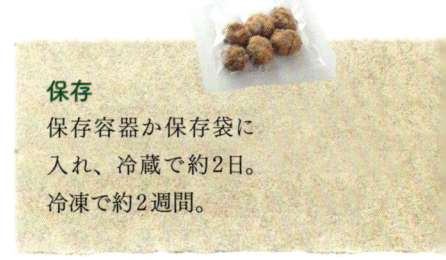

材料 できあがり量 約15個分：1個分92kcal

とりむね肉・・・2枚（400g）

A
- 粉チーズ・・・大さじ1
- 薄力粉・・・大さじ2　卵・・・½個
- 塩・こしょう・ナツメグ・・・各少々

卵液・・・［とき卵½個分＋牛乳大さじ2］

衣
- 薄力粉・・・カップ½（50g）
- 塩・こしょう・・・各小さじ½
- ガーリックパウダー・クミンパウダー＊
  ・・・各小さじ½

揚げ油・・・適量

＊風味は変わるが、カレー粉でも。

〈ソースの材料〉

■ バーベキュー味

ウスターソース・・・大さじ2、トマトケチャップ・・・大さじ1、練りがらし・・・小さじ½

■ ハニーマスタード味

粒マスタード・・・大さじ1、酢・・・小さじ½、はちみつ・・・小さじ2

1. 肉を切る
とり肉はひと口大に切る。卵液、衣の材料はそれぞれ合わせる。ソースの材料はそれぞれ合わせる。

2. 肉をクッキングカッターにかける
肉とAをクッキングカッターに入れ、肉が細かくなるまで回す。

3. 形作る
手にサラダ油少々（材料外）をつけ、2を3〜4cm大の小判形にまとめる。卵液、衣を順につける。

4. 揚げる
深めのフライパンに揚げ油を1cm深さほど入れ、中温（170℃）に熱し、3を入れる。よい揚げ色がついたら裏返し、5〜6分揚げる。パセリ1枝（材料外）とともに器に盛る。ソースを添える。

Recipe

このピクルスに使うのは、きゅうりを若どりした「もろきゅう用のきゅうり」。ふつうのきゅうりより短くて細く、やわらかいので、浅漬け感覚で食べられます。おすそ分けにするなら、瓶に入れて、ペーパーナプキンをラッピングペーパー代わりにして、ふたにかぶせて。気軽なプレゼントに変身します。

きゅうりのピクルス

おすそ分け

材料 できあがり量 8本分：全量48kcal
もろきゅう用のきゅうり・・・8本
　塩・・・大さじ½
〈ピクルス液の材料〉
酢・水・・・各200ml
きび砂糖*・・・大さじ2
粒こしょう（白）・・・10粒
ピンクペッパー**・・・10粒
ローリエ・・・1枚
赤とうがらし・・・1本

*p.110参照。ふつうの砂糖でも。
**彩り用なので、なくても。

1. きゅうりの下ごしらえをする
きゅうりは両端を切り落とし、塩をふってよくもみ、約1時間おく。

2. ピクルス液を作る
ピクルス液の材料を、ホーローかステンレス製の鍋に入れ、沸騰させる。さます。

3. 漬ける
きゅうりの水気をペーパータオルでふき、瓶か容器に入れる。ピクルス液をそそぐ。

◎1日おくと、味がなじんでおいしくなる。

保存
保存容器か瓶に入れ、冷蔵で約1か月。

きゅうりのピクルスのmini idea

タルタルソース
ピクルス1本とゆで卵1個はみじん切りにする。マヨネーズ大さじ1とピクルスの漬け汁小さじ½を加えて混ぜる。

67

Recipe

ワインと旬のくだもので作るサングリアは、
ほんのり甘くて、口当たりがよく、
パーティでも人気のドリンク。
安いワインや飲み残しのものでも
充分おいしく作れます。
"情熱"の赤と"クール"な白の、
2タイプで作りました。味比べをしてみて。

赤と白のサングリア

おすそ分け

赤いサングリア

白いサングリア

保存
保存容器か瓶に入れ、冷蔵で約5日。くだものは、うま味は抜けるが食べられる。

情熱の赤いサングリア

材料　できあがり量　約500ml

赤ワイン*・・・500ml
いちじく・・・1個
グレープフルーツ・・・1個
ラズベリー（冷凍）・・・30g
レモン・・・1/2個
シナモンスティック・・・1本

*しぶ味の少ないものだと、飲みやすく仕上がる。

1. くだものをよく洗って、切る
いちじくは皮ごと4～6つに切る。グレープフルーツは薄皮から実をとり出す。レモンは薄い輪切りにする。

2. ワインに漬ける
瓶に1とラズベリー、シナモンスティックを入れる。ワインをそそぎ、冷蔵庫に1日おく。

◎甘味を加えていないタイプなので、好みではちみつを加えて飲んでも。
　また、くだものは種類を減らしたり増やしたり、好みのものに変えてもよい。
　2日以上おくときは、くだものはにが味が
　出るので、とり出す（白いサングリアも同様）。

クールな白いサングリア

材料　できあがり量　約500ml

白ワイン**・・・500ml
りんご・・・1/2個
キウイフルーツ・・・1個
バナナ・・・1本　レモン・・・1/2個

**甘めのタイプだと、飲みやすく仕上がる。

1. くだものをよく洗って、切る
りんごは芯をとり、皮ごと8つ割りにする。キウイは皮をむいて、1cm厚さに切る。バナナは皮をむいて、2～3cm幅に切る。レモンは薄い輪切りにする。

2. ワインに漬ける
瓶に1を入れ、ワインをそそぐ。冷蔵庫に1日おく。

ほっとやすらぐ、甘い作りおき

ほっとひと息つきたいお茶の時間。
クラッカーに手作りのジャム、
お気に入りの器に盛ったケーキ。
季節の折々に作る甘い手作りは
見た目の派手さはないけれど、
食べると気持ちがやすらぎます。
体にも、心にもうれしい、甘いものを紹介します。

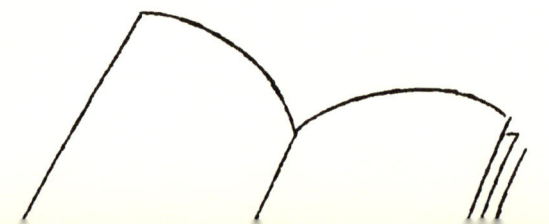

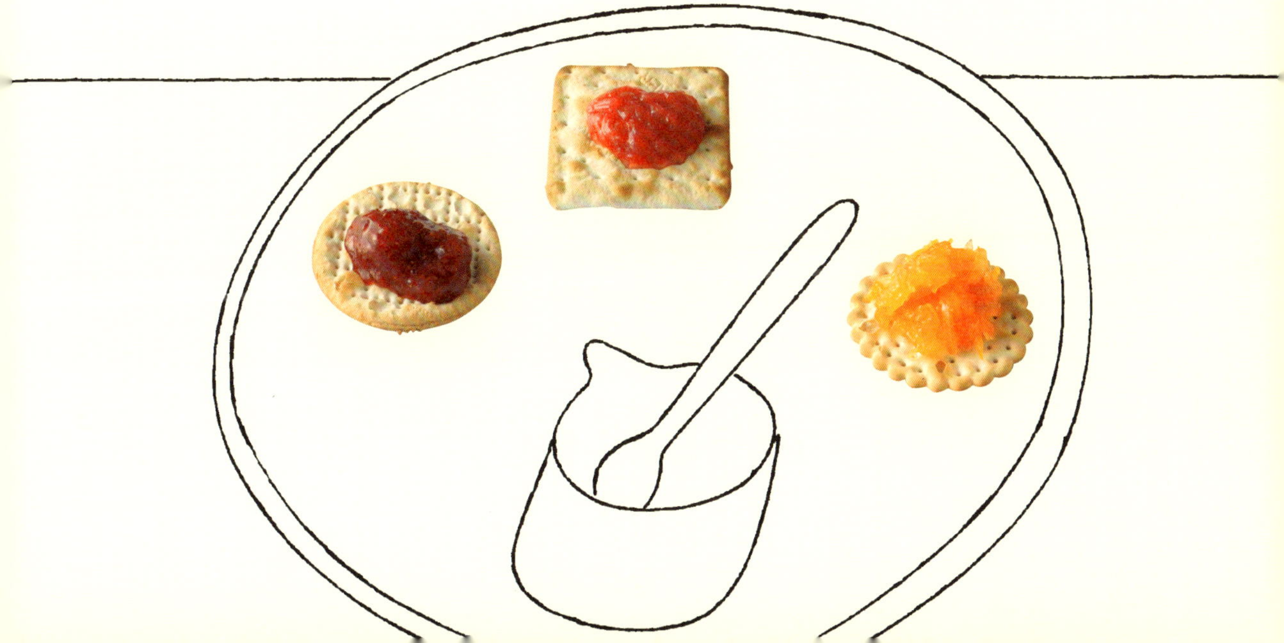

Recipe

余分なものを加えずに、
コトコトと気長に煮た手作りのジャムは、
市販のものでは出会えない濃厚な味わい。
果肉感が残るくだもののジャムと
ちょっと変わり種の
紅茶のジャムを紹介します。
一度作ると、さまざまなバリエーションで
もっと作ってみたくなります。

手作りジャム

いちごのジャム

保存
保存容器か瓶に入れ、冷蔵で約1か月。
保存袋に入れ、冷凍で約2カ月。

材料 できあがり量 約300g
いちご・・・2パック（500g）
砂糖・・・150〜200g（いちごの重さの30〜40%）
レモン汁・・・大さじ1（½個分）
◎瓶は消毒しておく（p.57）。

1. いちごの下ごしらえをする
いちごは洗ってへたを切りとって、鍋に入れる。
◎酸に強いホーローかステンレスの鍋がよい（p.110）。

2. いちごに砂糖をまぶす
1に砂糖を加える。いちごに砂糖を軽くなじませて10〜20分そのままおき、いちごから水分を引き出す。

3. 火にかける
レモン汁を加え、中火にかける。沸騰してきたらアクをとり、弱火にする。

4. 煮つめる
時々木べらで混ぜながら約40分、煮つめる。

5. 煮あがりを見極める
木べらで鍋底に「1」の字をかいたときに、鍋底が一瞬見えて、消えるくらいのとろみがついたら、火を止める。煮つめすぎると、さめたときにかたいジャムになってしまうので注意。

6. 保存瓶に入れる
清潔な保存瓶にジャムを熱いうちに入れる。やけどに注意する。
◎さめるとかたくなって扱いにくくなるため。冷凍する場合は、あら熱をとり、小分けにしてラップに包む。

ジャムの mini idea

瓶のラベルをきれいにはがすには
市販のジャムの瓶を再利用する場合、ラベルがはがれにくいことがあります。そんなときは、ドライヤーでラベルをしっかり乾かすと、粘着力が弱まって、はがれやすくなります。それでもはがし残りがあったら、ハンドクリームを塗り、しばらくおいてからこするときれいにとれます。

甘い作りおき

Idea

手作りジャムの アイディア

いちごのジャムと同じような要領で、おなじみのくだものばかりでなく意外なものもジャムになります。

きんかんのジャム

ルバーブのジャム

ミルクティーのジャム

甘い作りおき

ちょっとめずらしいくだもので。
おすそ分けにもぴったり。

ルバーブのジャム

材料 できあがり量　約350g
ルバーブ・・・400g
砂糖・・・160g

作り方
1. ルバーブは約1cm長さに切る。鍋に入れて砂糖をまぶし、水気が出てくるまで約20分おく。
2. 中火にかけ、沸騰したらアクをとって弱火にする。時々混ぜながら約10分、ルバーブの形がくずれるまで煮る。
3. 木べらで鍋底に「1」の字をかいたときに、鍋底が一瞬見えるくらいのとろみがついたら火を止める。熱いうちに瓶に入れる。

◎ルバーブはふきのような不思議な形のくだもの。冷凍のものもある。酸味があり、主にジャム作りに使われる。皮をむいたり、種をとったりする必要がないので、かんたん。

水分が少なめなので
パンやお菓子作りに使っても。

きんかんのジャム

材料 できあがり量　約240g
きんかん＊・・・1パック（250g）
砂糖・・・80g
＊粒が大きく、色の濃いものだと、きれいな色に仕上がる。

作り方
1. きんかんはへたをとり、ていねいに洗う。
2. 鍋にたっぷりの水ときんかんを入れ、中火にかけて沸騰させる。皮がやぶれかけたら、ざるにあげて水気をきる。水にとってさらによく洗い、水気をきる。
3. 皮のやぶれ目から実を押し出し（写真）、種は押し出すようにしてとり除く。鍋に入れる。皮は細切りにする。
4. 鍋に皮、砂糖を加え、中火にかける。沸騰したら弱火にし、時々混ぜながら約20分、水分が少なくなるまで煮つめる。熱いうちに瓶に入れる。

皮のやぶれ目のところを指ではさんでぎゅっと押すと、中から実が出てきます。実から種もとり除きます。

生クリームをたっぷり使い
風味のよい味わいです。

ミルクティーのジャム

材料 できあがり量　約250g
A ┃ 牛乳・・・200ml
　 ┃ アールグレイのティーバッグ＊・・・2個（約4g）
　 ┃ 砂糖・・・60g
生クリーム・・・200ml
＊リーフの場合は、お茶パックに入れるととり出しやすい。

作り方
1. 鍋にAを入れ、中火にかける。
2. 煮立って1分ほどしたら、ティーバッグをとり出す。生クリームを加えて、木べらで鍋底をかき混ぜながら10〜15分煮る。
3. 木べらで鍋底に「1」の字をかいたときに、鍋底が一瞬見えるくらいのとろみがついたら火を止める。熱いうちに瓶に入れる。

Recipe

甘い香りとやさしい酸味の
フルーツビネガーはいかがでしょう。
身近なフルーツで、気軽に作れ、
オリジナルの味を楽しめます。
お酢には、疲労回復の効果があり、
夏バテ防止にぴったりの飲みものです。
炭酸水や牛乳で割ってもおいしく、
料理にも使えます。

フルーツビネガー

甘い作りおき

材料　できあがり量　約350ml分
酢・・・200ml
グラニュー糖・・・100g
カットパイナップル（生）*・・・200g

*ほかのフルーツでも作れる。p.76の写真は、
　グレープフルーツ1個（薄皮から実をとり出す）、
　キウイフルーツ2個（皮をむき、1cm厚さの輪切り）。

1. 保存瓶に漬けこむ
瓶にフルーツ、グラニュー糖、酢を順に入れる。
冷暗所に2週間おく（時々瓶をふる）。

2. フルーツをとり出す
フルーツをとり出す（にが味が出てきてしまうため）。
冷蔵庫で保存する。

保存
瓶に入れ、冷蔵で約2か月。
ビネガー漬けのフルーツは、
とり出してから冷蔵で約1週間。

フルーツビネガーの mini idea

ドリンクにアレンジ
ビネガー漬けのフルーツは、ヨーグルトやアイスクリームのトッピングに。酸味があるので、のせるのは少量にし、はちみつなどを加えると、酸味がまろやかになります。ビネガーは、ドリンクとして飲めます。

左から
〈ソーダ割り〉フルーツビネガー大さじ1＋炭酸水150ml
〈ミルク割り〉フルーツビネガー小さじ2＋牛乳50ml
〈ヨーグルトのせ〉プレーンヨーグルト150gに、
ビネガー漬けのフルーツ適量をきざんでのせる。

Idea

フルーツビネガーを使うアイディア

フルーツビネガーは料理にも使えます。
香りのよい酸味を楽しみましょう。

マヨサワードレッシング

フレンチドレッシング

チキンソテー
フルーツビネガーソースがけ

甘い作りおき

甘酸っぱいソースで、お肉をさっぱりと。

チキンソテー　フルーツビネガーソースがけ

材料（2人分）：1人分257kcal
とりむね肉・・・1枚（200g）
　塩・こしょう・・・各少々
ビネガー漬けのフルーツ*・・・100g
オリーブ油・・・小さじ1
A｜フルーツビネガー*・・・大さじ1
　｜白ワイン・・・大さじ1
しょうゆ・・・小さじ½
ラディッシュ・・・2個
＊写真はキウイフルーツ。

作り方

1. ラディッシュは薄切りにする。
2. ビネガー漬けのフルーツは細かく切る。
3. とり肉は4つのそぎ切りにする。塩、こしょうをふる。
4. フライパンにオリーブ油を中火で温め、皮を下にしてとり肉を入れる。焼き色がついたら裏返し、Aを加え、ふたをして約3分蒸し焼きにする。器に盛る。
5. 4のフライパンに2を入れ、弱めの中火でさっと炒める。しょうゆを加え、ひと混ぜする。4にかけ、ラディッシュを添える。

ほんのりとフルーツの香りがする、ちょっぴり甘めの味わい。

フルーツビネガーのドレッシング2種

〈フレンチドレッシング〉

材料（2人分）：1人分81kcal
A｜フルーツビネガー*・・・大さじ1
　｜塩・こしょう・・・各少々
　｜サラダ油・・・大さじ1
ビネガー漬けのフルーツ*・・・20g
＊写真はグレープフルーツ。

〈マヨサワードレッシング〉

材料（2人分）：1人分62kcal
A｜フルーツビネガー*・・・大さじ1
　｜マヨネーズ・・・大さじ1
　｜塩・こしょう・・・各少々
ビネガー漬けのフルーツ*・・・20g
＊写真はパイナップル。

作り方（共通）

1. Aはよく合わせる。フルーツを細かく切って混ぜる。
2. 好みの野菜にかけて食べる。写真上は、ベビーリーフ、パプリカ（黄・薄切り）。写真左は、輪切りにしたズッキーニをさっとゆでたもの。

Recipe

甘酒には酒粕をうすめ、砂糖を加えて作るものと、米麹を使って発酵させて作るものがあります。
紹介するのは米麹を使ったタイプ。
「飲む点滴」といわれているほど、栄養満点。
アルコール分を含まないので、子どもからお年寄りまで、味わえます。
炊飯器の保温機能を使うと、手間もなく、たっぷりと作れます。

甘酒

甘い作りおき

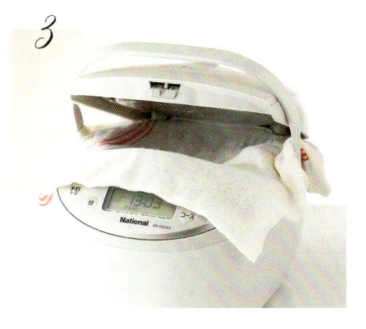

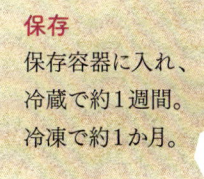

保存
保存容器に入れ、
冷蔵で約1週間。
冷凍で約1か月。

材料 できあがり量 約900ml

A ┃ 米 ･･･ 米用カップ1（180ml・150g）
　 ┃ 水 ･･･ 300ml

米麹（乾燥）･･･ 200g
水 ･･･ 600ml

◎米麹で作るタイプは、麹の酵素の働きにより、米のでんぷんが分解されてぶどう糖に変化するため、自然に甘味が出る。また、酒粕で作る甘酒はアルコール分が含まれているが、米麹で作る甘酒には含まれない。

1.やわらかめのごはんを炊く
米はとぐ。炊飯器に入れ、Aの水を加えて30分以上おく。炊飯器の「おかゆモード」にセットし、炊く。

2.ごはんに水、米麹を混ぜる
炊きあがったら、ごはんをボールに移す。水600mlを加えて混ぜる。米麹は、かたまりがあれば、手でほぐしながら加え、全体を混ぜる。

3.炊飯器に入れる
2を炊飯器に戻し入れる。水でぬらしてかたくしぼったぬれぶきんを内釜にかぶせ、ふたを少し開ける。少し開けた状態を保つため、持ち手でふたを固定する。保温スイッチを入れる。

4.6〜7時間保温する
保温してから2時間めまでは、30分ごとに全体を混ぜ、温度を均一にする。その後4〜5時間は混ぜずに保温する（計6〜7時間）。

5.できあがり
味見をして、しっかりとした甘味が出ていればできあがり。あら熱をとって密閉容器に入れる。米の粒が残っているので、気になるときはミキサーにかけるとなめらかになる。

Idea

甘酒を使うアイディア

飲むときは、温めても冷たいままでも。
砂糖の代わりとして料理にも使えます。

甘酒鍋

甘酒ムース

うま味たっぷり。
体が芯から温まります。

甘酒鍋

材料 （2人分）：1人分384kcal

A ┃ こんぶ・・・5cm
　┃ 干ししいたけ・・・3個
　┃ 水・・・400ml

塩さけ（中辛）・・・1切れ（100g）
だいこん・・・100g
さつまいも・・・80g
しめじ・・・1パック（100g）
ねぎ（緑の部分も）・・・½本

B ┃ 甘酒・・・300ml
　┃ 牛乳・・・50ml

塩・・・小さじ⅓
こしょう・・・少々

作り方

1. Aを土鍋に入れ、30分以上おく。弱火にかけ、沸騰直前にこんぶをとり出す。干ししいたけもとり出し、ひと口大に切って鍋に戻し入れる。
2. だいこん、さつまいもは5mm厚さのいちょう切りにする。しめじは小房に分ける。ねぎは白い部分を斜め切りにする。緑の部分は小口切りにする。さけは4等分する。
3. 1の鍋にねぎの緑の部分以外の2を入れ、野菜がやわらかくなるまで煮る。Bを加え、ひと煮立ちしたら、塩、こしょうで味をととのえる。ねぎの緑の部分を加えて火を止める。汁もおいしいので、一緒に食べる。

甘酒のmini idea

甘酒のミックスジュース
甘酒を野菜ジュースなど好みのジュースで半々に割ると、すっきりした飲み口になります。甘酒、ヨーグルト、バナナをミキサーにかけると、シェイク風のとろっとした味わいに。

甘酒入りのムースは砂糖不使用。
自然な甘味を堪能して。

甘酒ムース

材料 （容量150mlの器4個分）：1個分220kcal

甘酒・・・200ml
牛乳・・・100ml
┃ 粉ゼラチン・・・6g
┃ 水・・・大さじ2
生クリーム・・・100ml
ゆであずき（加糖）・・・大さじ4

作り方

1. ゼラチンは分量の水にふり入れ、15分以上おいてふやかす。
2. 小鍋に牛乳を入れて温め、沸騰直前に火を止める。1を加えてゼラチンを溶かす。大きめのボールに移し、甘酒を加えて混ぜる。氷水にあて、混ぜながらさまし、とろみをつける。
3. 別のボールに生クリームを入れ、底を氷水にあてながら、泡立器を持ち上げると角がおじぎするくらい（七分立て）に泡立てる。
4. 2に3を加えて混ぜる。グラスに等分に入れ、冷蔵庫で約2時間冷やし固める。ゆであずきを大さじ1ずつのせる。

甘い作りおき

Recipe

オレンジを皮ごと輪切りにして、甘く煮ました。果肉のほのかな酸味と甘味に皮のほろ苦さが加わり、オレンジの風味がいっぱいです。作り方は実にかんたん。煮る時間も短いので、ちょっとしたあき時間で作れます。

オレンジのシロップ煮

甘い作りおき

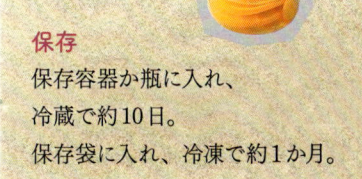

材料　できあがり量　約200g
- オレンジ・・・1個（200g）
- 粗塩・・・少々
- 砂糖・・・100g
- 水・・・100ml
- クッキングシート*

*落としぶたを作る。クッキングシートを鍋の直径と同じ大きさに丸く切って、中心に直径2cmほどの穴をあける。

1. 皮をよく洗う
オレンジは全体に粗塩をこすりつける。水でよく洗う。

2. 2回ゆでこぼす
丸のまま鍋に入れ、かぶるくらいの水を入れる。火にかけて、沸騰したら湯を捨てる。再び水を加え、沸騰後弱火で約15分ゆでる。

◎皮についているワックスを粗塩でこすり、ゆでてとり除きます。

3. オレンジを切る
へたをとり、皮ごと5mm厚さの輪切りにする。種を除く。

4. シロップで煮る
鍋に砂糖と分量の水を加えて混ぜ、オレンジを並べるようにして入れる。落としぶたをして弱火で7〜8分煮る。そのままさます。

◎酸味のあるくだものを煮るときは、酸に強いホーローやステンレスの鍋を使う（p.110）。

5. 保存瓶に入れる
瓶にシロップごと入れる。

保存
保存容器か瓶に入れ、冷蔵で約10日。
保存袋に入れ、冷凍で約1か月。

Idea

オレンジのシロップ煮を使うアイディア

ヨーグルトなどに入れて気軽にどうぞ。
お菓子にも料理にも使えます。

オレンジのチョコブラウニー

オレンジソーダ

とりもも肉のオレンジソテー

甘い作りおき

皮をパリッと焼いて、しゃれたひと皿の完成。

とりもも肉のオレンジソテー

材料 （2人分）：1人分318kcal
とりもも肉・・・1枚（250g）
　塩・・・小さじ1/4　こしょう・・・少々
サラダ油・・・小さじ1
にんじん・たまねぎ・・・各20g
オレンジのシロップ煮のシロップ・・・大さじ2
〈添え〉
オレンジのシロップ煮・・・2枚
ベビーリーフ・・・適量

作り方
1. にんじん、たまねぎは細切りにする。とりもも肉は半分に切り、塩、こしょうをふる。
2. フライパンに油を中火で温め、肉の皮を下にして焼く。焼き色がついたら裏返してふたをし、弱火にして中まで火を通す。皿に盛る。
3. ペーパータオルでフライパンの脂をふきとる。続けて、フライパンににんじん、たまねぎを入れ、しんなりするまで炒める。シロップを加えてひと煮立ちさせる。塩・こしょう各少々（材料外）をふる。
4. 肉に3をかけ、シロップ煮をのせる。ベビーリーフを添える。

オレンジをきざんで入れ、
つぶつぶ感のあるソーダに。

オレンジソーダ

材料 （1人分）：1人分98kcal
オレンジのシロップ煮・・・1枚
オレンジのシロップ煮のシロップ・・・大さじ2
100%オレンジジュース・・・50ml
炭酸水（無糖）・・・50ml

作り方
1. シロップ煮はきざむ。
2. 1をグラスに入れ、シロップ、ジュースを加えて混ぜる。炭酸水をそっとそそぎ入れる。

オレンジとほろ苦いチョコの
おいしい組み合わせ。

オレンジのチョコブラウニー

材料 （18×18cmの角型）：全量1981kcal
オレンジのシロップ煮・・・100g
板チョコ（ビター）・・・100g（約2枚）
バター・・・100g
砂糖・・・50g
卵・・・2個
A｜薄力粉・・・70g
　｜ベーキングパウダー・・・小さじ1
クッキングシート

作り方
1. クッキングシートで型紙を作り、型に敷く。シロップ煮は2枚を小さいいちょう切りにして飾り用にとりおき、残りは粗くきざむ。オーブンは190℃（ガスなら180℃）に予熱する。
2. チョコとバターは2cm角ほどにきざんで、ボールに入れ、60℃くらいの湯せんにかけて溶かす。
3. 別の大きめのボールに砂糖と卵を入れ、泡立器で白っぽくなるまでよく混ぜる。2を加えて混ぜる。Aを合わせてふるい入れ、ゴムべらで粉気が少し残るくらいに混ぜる。きざんだシロップ煮を加えて混ぜ合わせる。
4. 型に流し入れ、飾り用のシロップ煮を散らす。180℃のオーブン（ガスなら170℃）で約25分焼く。中心に竹串を刺し、生っぽい生地がついてこなければできあがり。

Recipe

体によくて、おいしいグラノラを
手作りしませんか。
好みのドライフルーツやナッツなどを
合わせれば、
オリジナルグラノラが完成。
牛乳やヨーグルトと食べたり
つまんでポリポリと食べたりと、
小腹がすいたときの強い味方になります。

グラノラ

甘い作りおき

保存
保存容器か瓶に入れて、しけらないようにして常温で約3週間。

材料 できあがり量 約250g分：1食分（40g）273kcal

オートミール・・・100g
ナッツ・・・合わせて60g
　アーモンド・・・20g　くるみ・・・20g
　ひまわりの種・・・20g
ドライフルーツ・・・合わせて80g
　ドライブルーベリー・・・20g　レーズン・・・30g
　ドライいちじく・・・30g

〈シロップの材料〉
きび砂糖・・・30g　メープルシロップ・・・大さじ3
塩・・・小さじ½　サラダ油・・・大さじ2

1. 材料を切る
ナッツは大きいものは細かくきざむ。ナッツとオートミールを合わせる。

2. シロップをからめる
大きめのボールにシロップの材料を合わせてよく混ぜる。1を加え、ゴムべらでよく混ぜながらまんべんなくからめる。

3. 焼く
オーブン皿にクッキングシートを敷き、2を平らに広げる。140℃（ガスオーブンなら130℃）のオーブンで約20分焼く。途中で一度、フライ返しなどで全体を混ぜてパラパラにする。あら熱がとれたら、ボールにあけてさます。

4. ドライフルーツを混ぜる
ドライフルーツは食べやすい大きさに切る。3に加えて混ぜる。

グラノラの mini idea

いちごチョコグラノラ
グラノラの味のアレンジは自由自在。ナッツはヘーゼルナッツとピーカンナッツにし、ドライフルーツの代わりにフリーズドライのいちご、チョコチップを加えました。

Recipe

栗の季節は短いから、旬にはいろいろな楽しみ方をしたいものです。
栗ペーストは、保存がきき、ジャムのようにパンやクラッカーにのせたり、お菓子作りに使ったりできます。
栗は皮をむく作業が大変ですが、これはゆで栗の中身をくり抜くので、とってもかんたん。

栗ペースト

甘い作りおき

保存
保存容器か瓶に入れ、冷蔵で約3週間。冷凍で約2か月。

材料　できあがり量　約400g
栗・・・500g
砂糖・・・約180g（栗の中身の重量の50%）

栗ペーストのmini idea

栗きんとん（左）
栗ペースト50gと白あん40gを混ぜ、4等分にする。1つずつラップで包み、きゅっとしぼって形作る。

栗のパフェ（右）
カステラ（市販）1切れを食べやすくちぎり、グラスに入れる。ホイップクリーム、栗ペースト、アラザンをのせる。

1. 栗をゆでる
大きめの鍋に栗と、たっぷりの水を入れて火にかける。沸騰したら中火にし、実が完全にやわらかくなるまで30〜40分ゆでる（ゆであがりを見るときは、ひとつ食べてみるとよい）。そのまま湯につけて次の作業をする（さめると、かたくなって中身をくり抜きにくくなるため）。

2. 実をくり抜く
栗は1つずつ湯からとり出し（やけどに注意）、包丁で半分に切って、スプーンで中身をくり抜く。中身の重さをはかり、その50%の砂糖を用意する。

3. 実をつぶす
中身をクッキングカッターに入れ、さらっとした粉状になるまで回す。

4. ペースト状にする
鍋に3と砂糖を入れ、弱めの中火にかける。木べらで混ぜながら、ぽってりとするまで7〜8分加熱する。

一緒に楽しむ、
粉ものレシピ

蒸かしたての中華まんじゅうや、

もっちりとしたニョッキなど

小麦粉を使った「粉もの」料理はみんな大好き。

こねたり、丸めたり、のばしたり。

家で作れば、作りたてが味わえて

家族や友人たちと、楽しい時間が過ごせます。

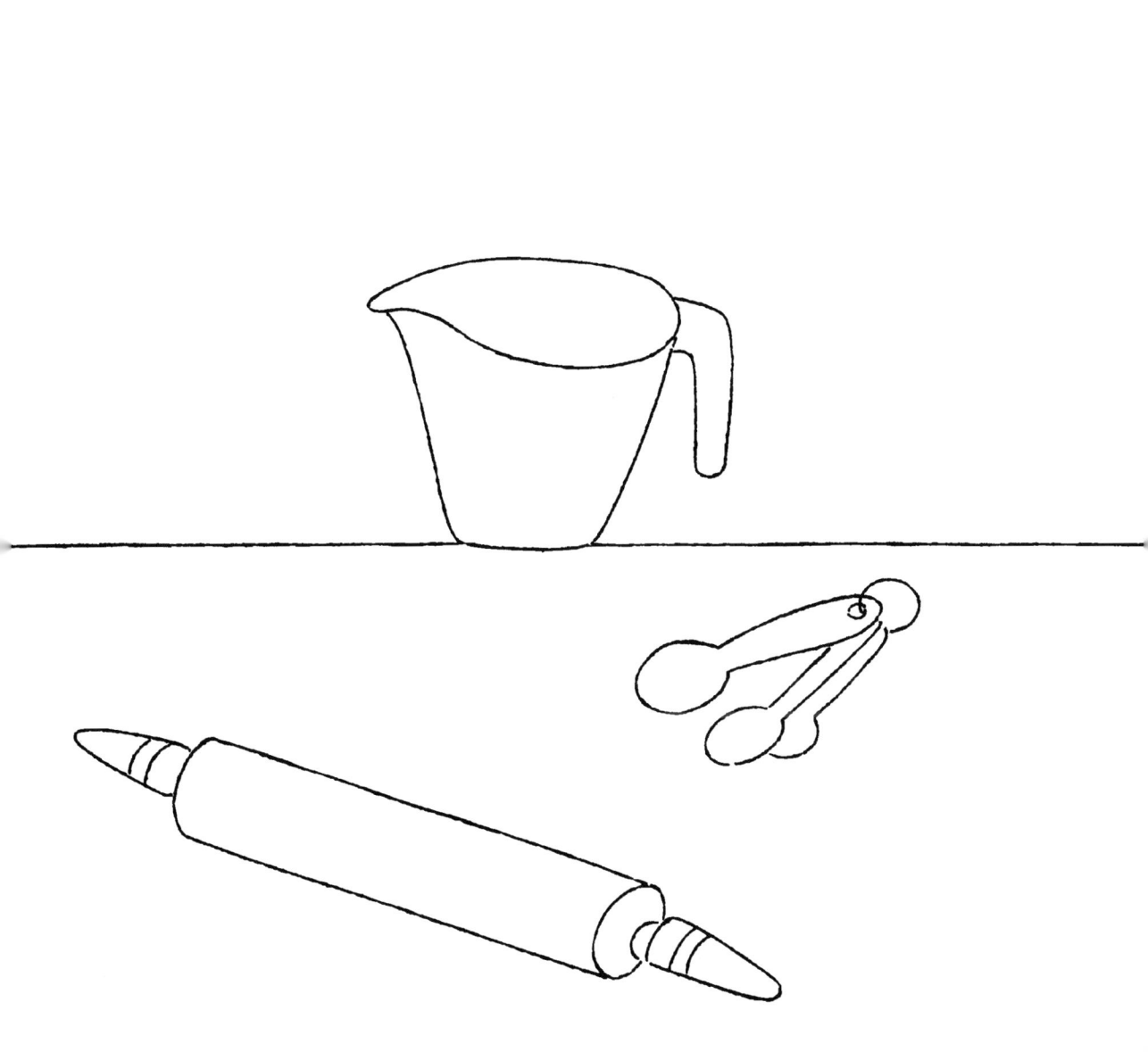

Recipe

焼きたてのパンケーキに、
バターとメープルシロップがあれば、
それだけで幸せな朝ごはんになります。
パンケーキの材料はシンプルで、
市販のミックス粉よりも甘さがひかえめ。
ベーコンやスクランブルエッグ、
サラダと合わせて、
食事としても食べられます。

パンケーキ

粉ものレシピ

保存
ラップに包んで冷凍で約2週間。
◎食べるときは、電子レンジで約1分30秒〜2分（500W）加熱。

材料　4枚分
A　薄力粉・・・100g
　　ベーキングパウダー・・・小さじ1
　　砂糖・・・10g　塩・・・少々
B　卵・・・1個　牛乳・・・90ml
　　溶かしバター*・・・20g
バター・メープルシロップ・・・各適量

*バターは湯せんにかけるか、耐熱容器に入れて電子レンジで約30秒（500W）加熱する。
◎油をひかずに焼くので、フライパンはフッ素樹脂加工のものを使用する。フッ素樹脂がとれかかっているもの、鉄製のフライパンは油を薄くひく。

1. 粉類を合わせる
Aをボールに入れ、軽く混ぜる（ポリ袋に合わせて口を閉じてふってもよい）。別の大きめのボールにBを順に入れ、よく混ぜる。

2. 混ぜる
BのボールにAをふるい入れ、泡立器で中心から粉気がなくなるまで混ぜる。

3. フライパンを温める
フッ素樹脂加工のフライパンを弱火で温める（油はひかない）。水でぬらしてかたくしぼったぬれぶきんにフライパンを置いてさます（ジューという音がしなくなったらOK）。

4. 焼く
ふきんの上に置いたまま、レードルかおたまで生地を軽く1杯すくい、フライパンの中心に流し入れる。弱めの中火にかけて約2分、よい焼き色がつくまで焼く。裏返してさらに約2分、よい焼き色がつくまで焼く。皿にとり出す。
◎火が強いと焼き色がつきすぎて、逆に弱すぎると、焼ける前に生地が乾いてしまい、きれいに色づかない。

5. 残りの生地を焼く
ペーパータオルで汚れをぬぐう。フライパンをかたくしぼったぬれぶきんに置いてさまし、残りの生地を同様にして、全部で4枚焼く。
◎バターやメープルシロップとともに食べる。

Idea

パンケーキの食べ方アイディア

サラダなどを添えれば朝食やランチに、フルーツと合わせればおやつにと自在。

ハワイ風
フルーツパンケーキ
レモンカスタードソース

シュガーバターパンケーキ

サーモンと
アボカドのパンケーキ

粉ものレシピ

かんたんソースで、しっとりおいしい。
シュガーバターパンケーキ

材料　（2人分）：1人分482kcal
パンケーキ (p.95)・・・4枚
溶かしバター・・・30g
グラニュー糖・・・10g

作り方
1. パンケーキに溶かしバターをかけ、グラニュー糖をふる。

ボリュームがあり、ランチにおすすめ。
サーモンとアボカドのパンケーキ

材料　（2人分）：1人分566kcal
パンケーキ (p.95)・・・4枚
スモークサーモン・・・6切れ
アボカド・・・1/2個
たまねぎ・・・20g
レタス・・・1枚
A　マヨネーズ・・・20g
　　練りわさび・・・小さじ1/2
　　レモン汁・・・小さじ1

作り方
1. アボカドは6〜7mm厚さに切る。たまねぎは薄切りにする。レタスは食べやすい大きさにちぎる。
2. Aは合わせる。パンケーキ2枚で1とサーモン、Aをはさむ。

◎ハワイ風フルーツパンケーキ（右）のヨーグルト入り生地もよく合う。

ヨーグルト入りの生地でもっちり。
ハワイ風フルーツパンケーキ　レモンカスタードソース

材料　（2人分）：1人分424kcal
〈パンケーキ生地4枚分〉
A　薄力粉・・・100g
　　ベーキングパウダー・・・小さじ1
　　砂糖・・・大さじ1
　　塩・・・小さじ1/6
B　卵・・・1個
　　プレーンヨーグルト・・・110g

〈ソース〉
C　卵黄・・・1個
　　砂糖・・・20g
薄力粉・・・小さじ1/3
牛乳・・・120ml
レモン汁・・・大さじ1
好みのくだもの
（いちご・ブルーベリー・グレープフルーツ）・・・適量

作り方
〈ソース〉
1. ボールにCを入れ、泡立器で白っぽくなるまでよく混ぜる。薄力粉小さじ1/3を加え、粉気がなくなるまで混ぜる。
2. 牛乳は小鍋に入れて加熱し、フツフツしてきたら火を止める。1に少しずつ加えて混ぜる。
3. こしながら2の鍋に戻し、木べらで混ぜながら弱めの中火にかける。とろみがつき始めたら弱火にして1分ほど加熱する。火を止めて、レモン汁を加えて混ぜる。あら熱がとれたら冷蔵庫で冷やす。
4. くだものは食べやすい大きさに切る。

〈パンケーキ〉
1. 上記の材料で、p.95の作り方と同様にパンケーキを4枚焼く。
2. 皿にパンケーキを盛り、くだものを添えてソースをかける。

97

Recipe

イタリア語で、
「塊」という意味のニョッキ。
ゆでたじゃがいもやかぼちゃに
小麦粉を混ぜて作ったパスタのことです。
クセになるもちもち食感は
手作りならではの味わい。
大変と思いがちな手でこねる作業は
やってみると、実はかんたん。
イタリアのマンマの気分で、
楽しみましょう！

じゃがいものニョッキ

粉ものレシピ

保存
ゆでた後、くっつかないようにトレーなどに並べて凍らせ、保存袋に移して冷凍で約3週間。
◎使うときは電子レンジで約150gにつき約2分温める。

材料　4人分・できあがり量　約600g
じゃがいも*・・・中3個（500g）
塩・・・小さじ1　卵黄・・・2個分
強力粉**・・・160g
｜ 湯・・・2L
｜ 塩・・・小さじ1　オリーブ油・・・小さじ1
＊男爵いもがおすすめ（粘りが少なく、ほくほくしているため）。
＊＊強力粉だとコシが出る。なければ、薄力粉でも。

1. じゃがいもをゆでて、つぶす
じゃがいもは皮をむいて3cm角に切る。鍋にいもと、ひたひたの水を入れて強火にかける。沸騰したらふたをして、弱火で約10分、いもがやわらかくなるまでゆでる。最後はふたをとって鍋を軽くゆすり、強火で水分をとばす。ボールに移し、いもが熱いうちに、フォークなどでつぶす。

2. 生地をこねる
いものあら熱がとれたら、ゴムべらにかえて、塩、卵黄、強力粉を順に混ぜる。手で押したりたたんだりして、2〜3分よくこねる。耳たぶくらいのかたさが、めやす。

3. 生地をのばして切る
まな板に強力粉少々（材料外）をふり、生地をとり出す。4等分し、直径2cmの棒状にのばす。2cm長さに切り分ける。

4. ニョッキを形作る
火通りがよくなり、ソースがからみやすくなるように、1つずつ形作る。指で真ん中をくぼませたり、フォークに押しつけてクルンとさせたり。決まりはないので、自由に楽しむ。

5. ニョッキをゆでる
鍋に分量の湯を沸かし、塩とオリーブ油を加える。ニョッキの半分を入れ、浮き上がってきてからさらに30秒ゆでて、とり出す。残りも同じようにゆでる。

Idea

じゃがいものニョッキを使うアイディア

もちもちニョッキに合う、とびっきりおいしいソースも手作りします。

焦がしバター・ニョッキ

トマトソース・ニョッキ

カルボナーラソース・ニョッキ

粉ものレシピ

手軽で、おいしい！
焦がしバター・ニョッキ

材料　(2人分)：1人分414kcal
にんにく・・・小1片 (5g)
しその葉・・・6枚
バター・・・10g
オリーブ油・・・大さじ1
しょうゆ・・・大さじ1½
みりん・・・大さじ2
ニョッキ（ゆでたてのもの）・・・300g
◎ニョッキはゆでて時間がたったものは、電子レンジで温め直す。

作り方
1. にんにくはみじん切りに、しその葉は7〜8mm角に切る。
2. フライパンにバター、オリーブ油、にんにくを入れ、弱火で炒める。香りが出てきたら、しょうゆ、みりんを加え、照りが出るまで煮つめる。
3. 器にニョッキを盛り、しその葉を散らす。2のソースをかける。

濃厚、かつクリーミー。
カルボナーラソース・ニョッキ

材料　(2人分)：1人分609kcal
ベーコン（厚切り）・・・50g
A｜卵・・・1個
　｜生クリーム・・・50ml
　｜粉チーズ・・・大さじ2
オリーブ油・・・大さじ1
黒こしょう・・・少々
ニョッキ（ゆでたてのもの）・・・300g

作り方
1. ベーコンは7mm幅の棒状に切る。Aはよく混ぜておく。
2. フライパンにオリーブ油を温め、中火でベーコンを炒める。カリッとしたら、一度火を止めてニョッキを加えてひと混ぜする。
3. Aを加え、少しとろみがつくまで、弱火で加熱する。器に盛り、黒こしょうをふる。

生トマトで作る、フレッシュな味わい。
トマトソース・ニョッキ

材料　(2人分)：1人分440kcal
トマト・・・2個 (400g)
にんにく・・・1片 (10g)
バジルの葉・・・10枚
オリーブ油・・・大さじ2
A｜白ワイン・・・100ml
　｜塩・・・小さじ⅓
　｜砂糖・こしょう・・・各少々
ニョッキ（ゆでたてのもの）・・・300g

作り方
1. トマトはざく切りに、にんにくは薄切りにする。バジルは手でちぎる。
2. フライパンにオリーブ油とにんにくを入れ、弱火で炒める。香りが出てきたら、トマトを加え、中火で5〜6分炒める。
3. Aを加え、約2分、少しとろみがつくまで煮つめる（ふたはしない）。バジルを加えてさっと混ぜる。
4. 器にニョッキを盛り、3のソースをかける。

Recipe

カレーは作っても、ナンまで手作りすることはあまりないはず。インド料理店では「タンドール」という窯を使いますが、実はフライパンでもそれなりに焼けます。生地はもちっと、表面はパリッと。本格派にはかないませんが、なかなかのおいしさです。

自家製ナン

保存
ラップに包んで冷凍し、約2週間。
◎オーブントースターやグリルで表面がパリッとするまで温める。

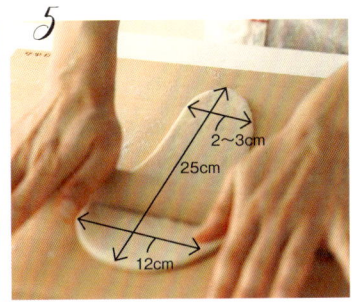

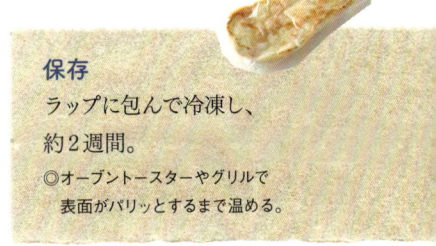

材料 4枚分：1枚分272kcal

A｜ 強力粉・・・200g　ドライイースト・・・小さじ1
　｜ 砂糖・・・大さじ½　塩・・・小さじ½

ぬるま湯*・・・100ml＋小さじ1〜2

サラダ油・・・大さじ2

（打ち粉）強力粉・・・適量

＊40℃前後。夏は低め、冬は高めにする。

1. 粉に水を混ぜる（⇒くわしくはp.108）
大きめのボールにAを合わせ、泡立て器で混ぜる。ぬるま湯を加えて木べらでざっと混ぜ、次に手で混ぜる。粉がいつまでも残るときは、ぬるま湯小さじ1〜2をたす。

2. 生地をこねる（⇒くわしくはp.108）
生地がまとまったら、きれいにした台やこね板に出し、4〜5分こねる。生地をボールに戻して油を加え、手でもみこんで混ぜる。再び台にとり出して、なめらかになるまで2〜3分こねる。表面にハリをもたせて丸め、とじ目をとじる。

3. 発酵させる
とじ目を下にしてボールに生地を戻し、ラップをして約2倍の大きさになるまで、暖かいところに約40分おく。

◎寒いときは、大きめのボールに35℃前後の湯を入れて、生地を入れたボールを浮かべ、大きめのポリ袋で全体をおおう。

4. 生地を形作り、やすませる
台に打ち粉をふって生地をとり出し、手で軽く押して、ガス抜きをする。包丁などで4等分にし、手の平で包みこむようにしてしずく形に丸める。乾いたふきんをかけ、その上からぬらしてかたくしぼったふきんをかけて約10分やすませる。

5. 形作る
打ち粉をふり、生地をめん棒で上下にのばし、写真5の大きさくらいに形作る。

6. 焼く
フライパンにバター少々（材料外）を溶かし、中火で2枚ずつ、茶色く色づくまで両面を焼く。

Idea

自家製ナンの食べ方アイディア

カレーやラッシーと、ターリー（インドの定食）風ワンプレートランチはいかが？

マンゴーラッシー

キーマカレー

野菜のサブジ

冷凍フルーツで。手軽でおいしい。
マンゴーラッシー

材料 （2人分）：1人分192kcal
プレーンヨーグルト・・・200g
マンゴー（冷凍）・・・200g
牛乳・・・150ml
はちみつ・・・大さじ1

作り方
1. 材料全部をミキサーに入れ、なめらかになるまでかける。

ひき肉だからさっと煮るだけ。
キーマカレー

材料 （2〜3人分）：3人分として1人分296kcal
合いびき肉・・・250g
たまねぎ・・・1/2個（100g）
にんにく・しょうが・・・各10g
サラダ油・・・大さじ1
カレー粉・・・大さじ1
A｜ トマト水煮缶詰（カット）・・・1/2缶（200g）
　｜ 中濃ソース・・・大さじ1
　｜ 水・・・200ml
　｜ スープの素・・・小さじ1
　｜ プレーンヨーグルト・・・100g
B｜ 塩・ガラムマサラ・・・各小さじ1/2
　｜ こしょう・・・少々

作り方
1. たまねぎ、にんにく、しょうがはみじん切りにする。
2. 厚手の鍋にサラダ油を温め、1を薄く色づくまで中火で炒める。ひき肉を加えて炒め、パラパラになったらカレー粉を加えてよく炒める。
3. 2にAを加えて、ふたをしないで中火で5〜6分煮る。Bで味をととのえる。
◎多めにできる。冷凍で約2週間保存可。

スパイシーな野菜の蒸し焼き。
野菜は残ったものでOK。
野菜のサブジ

材料 （2人分）：1人分123kcal
野菜*・・・合わせて200g
サラダ油・・・大さじ1 1/2
クミンシード・・・小さじ1/2
A｜ カレー粉・・・小さじ1/2
　｜ 塩・・・小さじ1/8

＊写真はたまねぎ、オクラ、なすなど。

作り方
1. 野菜は食べやすい大きさに切る。
2. フライパンに油を温め、クミンと野菜を軽く炒める。ふたをして、弱火で約2分蒸し焼きにし、火が通ったら、Aを加えて味をつける。

Recipe

蒸したて・ふかふかの中華まんじゅうは
心もおなかも温かく満たしてくれる
小さなごちそうです。
手作りの中華まんじゅうは
しっとりとやわらかい皮と、
ギュッと詰まった中身が自慢。
おやつや夜食に、おすそ分けに
みんなに喜ばれます。

肉まん・あんまん（中華まんじゅう）

肉まん

材料 3個分：1個分219kcal

中華まんじゅうの皮 (p.108)・・・3個分

〈具の材料〉

豚ひき肉・・・60g

A
- はくさい（ゆでる）・・・40g
- 味つきメンマ・・・20g
- 干ししいたけ（水でもどす）・・・大1個
- ねぎ・・・5cm　しょうが・・・小1かけ (5g)

B
- 砂糖・・・小さじ⅓
- しょうゆ・ごま油・・・各小さじ1
- 塩・・・少々　かたくり粉・・・大さじ⅔

1. 具を準備する

Aはみじん切りにする。水気をよくしぼる。ボールにひき肉、A、Bを入れ、よく混ぜる。3等分して丸める。

2. 皮で具を包み、発酵させる

(⇒ p.109／7〜9)

3. 蒸す

蒸し器の下段に湯を沸騰させる。蒸気が充分に立ったら、2をのせ、弱めの強火で約18分蒸す。

◎ふたをふきんで包んで蒸すと、水滴が落ちずにきれいに蒸しあがる。

蒸しあがったら上段をはずし（水滴が落ちるので、トレーなどの上に置くとよい）、約2分おいてむらす。ふたをとり、うちわであおいでさましてツヤを出す。

あんまん

材料 3個分：1個分245kcal

中華まんじゅうの皮 (p.108)・・・3個分

〈あんの材料〉

A
- こしあん・・・100g
- 練りごま（黒）・・・大さじ⅓
- ラード・・・8g

1. あんを準備する

耐熱容器にAを合わせ、ラップをかけて電子レンジで約1分 (500W) 加熱する。さめたら3等分にして丸める。

2. 皮であんを包み、発酵させる

(⇒ p.109／7〜9)

3. 蒸す

肉まんと同様に、蒸し器で約8分蒸し、約2分むらす。うちわであおいでさましてツヤを出す。

◎一度に蒸せないときは、発酵後は前のものが蒸しあがるまで、ふきんをかけたまま涼しいところにおく。

保存
蒸したまんじゅうはラップに包み、冷凍で約2週間。

◎食べるときは、凍ったまま15〜20分蒸す。

Recipe

中華まんじゅうの皮を作る

粉をしっかりこね、発酵させることで、ふっくらと、粉のうま味もある、おいしい皮ができます。ナン作りなどにも欠かせない、「こねる」基本作業もこのページで詳しく解説します。

材料　6個分

A｜薄力粉・・・160g　強力粉・・・20g
　｜砂糖・・・大さじ2　塩・・・小さじ⅓
　｜ベーキングパウダー・・・小さじ1

ドライイースト・・・小さじ⅔
ぬるま湯*・・・100〜105ml

ラード・・・10g
(打ち粉・手粉) 強力粉・・・少々
クッキングシート (8×8cm)・・・6枚

*約40℃。夏は低め、冬は高めにする。
◎粉は薄力粉と強力粉、ふくらし粉はベーキングパウダーとドライイーストの両方を使うことで、歯切れよく、かつ弾力のある生地になる。

準備

1. 粉をふるう
Aは合わせてふるい、大きめのボールに入れる。
◎薄力粉が入っているため、ふるう。

2. イーストを予備発酵させる
少ないほうのぬるま湯の約半量に、砂糖ひとつまみ（材料外）を入れ、ドライイーストを入れて溶かす。5〜10分おく。

ぬるま湯を加えてこねる

3. 粉とイースト、水を混ぜてこねる
1に2と残りのぬるま湯を加えて木べらでざっと混ぜ、次に手で混ぜる。

4. 台にとり出してこねる
ある程度まとまったら、きれいにした調理台やこね板などに出し、4〜5分こねる。

point!

初めはベタベタするが、ある程度混ぜているとまとまってくる。どうしてもまとまらないときは粉少々を、粉がいつまでも残るときはぬるま湯小さじ1〜2をたす。生地をたたきつけたり、洗濯するときのように上下にのばしたりすると、しだいに生地がしまって、あまり手につかなくなってくる。手のひらで、生地の全面をこね板に押しつけるようにして、左右交互にこねるのも効果的。
◎ホームベーカリーやパンこね機でこねてもよい。

粉ものレシピ

5. 油脂を混ぜて、こねる
生地をボールに戻してラードを加え、手でもみこんで混ぜる。再び台にとり出して、表面がなめらかになるまで2〜3分こねる。なめらかで、ツヤと弾力が出てくればこねあがり。

point!
油脂を加えると、油っぽくベタベタとするが、なじませていくと、ツヤよく、なめらかになる。油脂を加えた後の生地は切れやすいので、ある程度こねたら、のばすような動作はひかえ、2つに折りたたんでは押すをくり返す。
◎ホームベーカリーやパンこね機でこねるときは、こねはじめてから約10分後に油脂を加える。

生地をやすませる（ベンチタイム）

6. 生地をやすませる
生地を包丁などで6つに切り分け、表面にハリをもたせるように丸め、とじ目をとじる。
◎ナン作りの場合は、切り分けずに丸めて発酵させる（⇒p.103／3へ）。

台に打ち粉をふり、とじ目を下にしてのせる。乾いたふきんをかけ、その上からぬらしてかたくしぼったふきんをかけて、ひとまわり大きくなるまで、暖かいところに10〜15分おく。

point!
乾燥すると生地の表面がカサつき、ふくらみが悪くなり、できあがりもかたくなる。ぬらしてかたくしぼったふきんをかけたり、時々霧を吹いたりと、生地のようすを見ながら乾燥を防ごう。

生地をのばし、発酵させる

7. 生地をのばす
肉まんの生地はめん棒か手で10〜11cm*の円形にのばす（端は薄めにのばすとよい）。

*あんまんは直径6〜7cmの円形にのばす。
あんを包んでとじ、とじ目を下にして、クッキングシートにのせる。

8. 具やあんを包む
周囲に手粉をつけて具やあんをのせ、肉まんはひだをとりながら包む。ひだを上にしてクッキングシートにのせる*。

9. 発酵させる
蒸し器の上段に間隔をあけて並べ、乾いたふきん、その上からぬらしてかたくしぼったふきんをかけて、ひとまわり大きくなるまで暖かいところ（約28℃）で発酵させる。（⇒p.107／3へ）。

材料のこと

保存食や料理は、いつも使っている材料や道具で作れますが、この本ならではのものもあります。

米麹
米に麹菌を繁殖させたもので、みそや日本酒の原料になります。10℃以上になると発酵力が落ちるので、冷蔵庫か冷凍庫で保存し、開封後は早めに使います。

粉とうがらし
韓国の粉とうがらしで、辛味のほかにうま味や香りもあります。日本の一味とうがらしで代用できますが、辛さが立っているので、少量ずつ使います。

小麦粉（薄力粉・強力粉）
薄力粉はさくっと仕上げたいパンケーキや揚げものの衣に、強力粉はコシを出したいナンやニョッキなどに使います。

ドライイースト
イーストは酵母の一種で、パン作りに適した酵母をとり出したもの。28～32℃でよく活動し、生地をふくらませます。開封後は冷蔵庫で保存します。

ベーキングパウダー
ケーキ作りに使われ、小麦粉に混ぜて焼くと、ふんわりとした生地になります。酸化すると働きが弱まるので密封保存し、使う直前に計量します。

きび砂糖
精製途中の砂糖液を、そのまま煮つめて作った砂糖。さとうきびの風味とミネラルがあり、料理にコクが加わります。ふつうの砂糖でも代用できます。

道具のこと

クッキングカッター
材料を一気にきざんだり、混ぜたりするときに便利です。ただし、パワーがあるので少しずつかけて、中身をこまめに確認します。

ホーロー鍋
鉄にガラス質のコーティングをかけた鍋です。酸のあるものを加熱するときに使います。なければ、ステンレス製の鍋でもかまいません。

次の休日には何を作ろう

この『とっておきの保存食とおすそ分けレシピ』は、
『月刊ベターホーム』で3年以上連載中の
「ときどき・てしごと」から
人気の高かったものに、新しいレシピを加え、
1冊の本にまとめたものです。

「手を動かして、食品を作る"てしごと"のよさを知ってほしい」
「大変・古めかしいという保存食のイメージを変えたい」
「店で売られているような、すてきな瓶詰めが作れないかな」
そんな思いから始まった連載は
読者の方から多くの反響をいただいています。

味つけを甘めにしたり、辛めにしたりと、
食べる人の好みに合わせることができ、
しかも安心・安全なのは、
家で作るからこそのよさです。

どうぞ、これからも
気軽に、楽しく、ともにキッチンに立ちませんか。

すぐに役立ち　一生使える
ベターホームのお料理教室

ベターホーム協会は1963年に創立。「心豊かな質の高い暮らし」を目指し、日本の家庭料理や暮らしの知恵を、生活者の視点から伝えています。活動の中心である「ベターホームのお料理教室」は、全国18か所で開催。毎日の食事作りに役立つ調理技術とともに、食品の栄養、健康に暮らすための知識、環境に配慮した知恵などをわかりやすく教えています。

見学はいつでも大歓迎

日程など、詳しくご案内いたしますので、全国の各事務局（下記）に気軽にお問い合わせください。

資料請求のご案内

お料理教室の開講は年2回、5月と11月です。
パンフレットをお送りいたします。ホームページからも請求できます。

本部事務局	☎ 03-3407-0471
大阪事務局	☎ 06-6376-2601
名古屋事務局	☎ 052-973-1391
札幌事務局	☎ 011-222-3078
福岡事務局	☎ 092-714-2411
仙台教室	☎ 022-224-2228

手作りで、安心・おいしい・楽しい
とっておきの保存食とおすそ分けレシピ

料理研究／ベターホーム協会（新保千春）
撮影／松島 均
スタイリング／青野康子
デザイン／塚田佳奈・南 彩乃（ME&MIRACO）
イラスト／松尾ミユキ

初版発行　2013年6月1日

編集　ベターホーム協会
発行　ベターホーム出版局
　　　〒150-8363
　　　東京都渋谷区渋谷1-15-12
〈編集・お料理教室の問い合わせ〉☎ 03-3407-0471
〈出版営業〉☎ 03-3407-4871
http://www.betterhome.jp

ISBN978-904544-28-0
落丁・乱丁はお取替えします。本書の無断転載を禁じます。
©The Better Home Association,2013,Printed in Japan